本专著受到
浙江理工大学学术著作出版资金（19096226-Y）
国家自然科学基金青年项目（71402170）

“绩效衰减与制造企业转变战略选择：参照依赖与注意力框定的作用”
教育部人文社科青年项目（14YJC630099）
“绩效衰减情境下中小制造企业转变策略选择机制研究”
的联合资助

绩效衰减情境下中小制造企业战略变革行为研究

——基于CPE-C-P模型的系列实证

Jixiao Shuaijian Qingjingxia
Zhongxiao Zhizao Qiye Zhanlue Biange Xingwei Yanjiu
——Jiyu CPE-C-P Moxing de Xilie Shizheng

梅胜军　著

中国财经出版传媒集团

经济科学出版社
Economic Science Press

图书在版编目（CIP）数据

绩效衰减情境下中小制造企业战略变革行为研究：基于 CPE－C－P 模型的系列实证／梅胜军著．—北京：经济科学出版社，2021.9

ISBN 978－7－5218－1932－8

Ⅰ．①绩…　Ⅱ．①梅…　Ⅲ．①制造工业-中小企业-企业战略-研究-中国　Ⅳ．①F426.4

中国版本图书馆 CIP 数据核字（2020）第 187375 号

责任编辑：王柳松
责任校对：蒋子明
责任印制：范　艳

绩效衰减情境下中小制造企业战略变革行为研究
——基于 CPE－C－P 模型的系列实证
梅胜军　著
经济科学出版社出版、发行　新华书店经销
社址：北京市海淀区阜成路甲 28 号　邮编：100142
总编部电话：010-88191217　发行部电话：010-88191522
网址：www.esp.com.cn
电子邮箱：esp@esp.com.cn
天猫网店：经济科学出版社旗舰店
网址：http：//jjkxcbs.tmall.com
北京季蜂印刷有限公司印装
710×1000　16 开　12.75 印张　200000 字数
2021 年 10 月第 1 版　2021 年 10 月第 1 次印刷
ISBN 978－7－5218－1932－8　定价：59.00 元

本专著受到浙江理工大学学术专著出版资金、国家自然科学基金青年项目（71402170）“绩效衰减与制造企业转变战略选择：参照依赖与注意力框定的作用”和教育部人文社科青年项目（14YJC630099）“绩效衰减情境下中小制造企业转变策略选择机制研究”的联合资助。

目　录

第1章 绪论

1.1 现实背景

1.1.1 中小制造企业亟待通过战略变革实现转型升级

制造业是立国之本、兴国之器、强国之基。打造具有全球水准的制造业体系，是提升中国综合国力与核心竞争力、保障国家安全和促进可持续发展的必由路径。在建设中国特色社会主义的新征程中，坚定不移地走工业化道路，建设完备、发达的制造业体系，是中国改革开放时期切实践行“初心使命”的集中体现与生动实践，对于实现中华民族伟大复兴的中国梦具有特殊重要的意义。

改革开放40余年来，中国制造企业获得了长足发展，中国也成功发展为举世瞩目的“世界工厂”，“中国制造”行销全球。中国于2009年成长为全球第一大出口国，又于2010年成为全球第一制造大国。按照联合国工业发展组织的数据，中国是全球唯一拥有全部制造业门类的国家，其中，22个制造业大类行业的增加值均居世界前列。在世界500种主要工业品种中，目前，中国有约230种产品产量位居全球第一。到2018年末，中国制造业增加值高达40 027.5亿美元，约占中国GDP总额的29.4%，占全世界制造业份额的28.7%。[①]

① 陈敏．我国制造业的发展历史与现状［N］．工人日报．https://www.hnzk.gov.cn/zhikuchegnguo/12023.html.

同时，中国制造业不仅实现了数量扩张，而且在质量上也有了显著提升。20 世纪 80 年代中后期至 90 年代，中国完成了出口商品结构的第一个转变，即由改革开放初期以初级产品为主向工业制成品为主的转变。随着供给侧结构性改革的深化和产业转型升级步伐的加快，中国制造业所涵盖的产品、技术、装备、品牌、结构与效益得到优化或升级，不断向价值链中高端攀升，高质量发展的态势逐步显现。对于全球消费者来说，中国制造产品不再是低质低价、“山寨品”的代名词，质优价廉、高性价比成为中国产品新的口碑。可以说，至此中国已经拥有全球范围内产业门类最为齐全、独立完整性强、产业配套性好且价值链地位不断攀升的工业体系，在国际分工中的地位有所提高。

但同时我们也应当客观清醒地看到，中国制造业总体上仍处于全球制造业产业链、价值链的中低端，必须加快质量、效率、动力的变革。中国制造业在效益、效率、质量、产业结构、持续发展、资源消耗等方面与工业发达国家差距较大，制造业发展不平衡、不充分的问题凸显，落后产能过剩、排放高、创新力不强，基础核心技术与创新设计能力薄弱，发展质量和效益总体还不高。

特别是中国大量中小制造企业总体上仍处于全球价值链的低端环节，面临低端锁定的现实困境。根据 2014 年世界贸易组织发展报告，低端锁定是指，在参与全球价值链的过程中，发达国家掌握着核心技术与重要技术专利，并利用其核心技术压制发展中国家企业的知识创造和竞争力提升，使发展中国家的企业丧失核心竞争力，而被限制在价值创造的低端环节。

以浙江省民营中小企业为例，不少学者对浙江省民营经济繁荣之下的价值链低端锁定现象进行了关注，以“低成本、低价格、低收益”为特征、以数量扩张为主的发展模式，导致一般加工能力过剩而高新技术加工能力和设计创新能力不足。由于生产能力超过市场容量，浙江省的优势产业中不少行业处于过度竞争状态，如纺织、普通机械、日用轻工业产品等。以浙江省领带产业为例，作为中国领带生产的集中地，嵊州市领带产量曾约占全国的80%、全球的40%，出口80多个国家和地区，但由于我国嵊州市领带产业依托的低成本、低价格、低技术含量发展模式，缺乏面料制造、时尚设计、品牌营销等能力，导致在全球领带市场缺乏定价权，利润低薄。与此形成对比的是，我国嵊州市出口领带在国外零售店售价不超过50美元/条，而意大利的科墨市生产的领带多在100美元/条以上，科墨市有全球知名的设计中心。随着人民币升值、出口退税下调、土地税上调和《中华人民共和国劳动合同法》的实施，以及销售成本的提高、真丝原材料的上涨，许多领带企业大量裁员，歇业或者倒闭的也不在少数，曾经支撑当地经济发展的领带产业也逐渐走向了没落。

除了“低成本、低价格、低收益”特征，不少中小制造企业还具有明显的“高能耗、高污染、高依存度”的特点。随着原材料成本、劳动力成本和土地成本的上升、日趋严格的环保标准以及国内外经济环境的变化，传统的劳动力成本、土地成本、环境保护成本等优势不再，传统制造业有逐渐丧失国际比较优势的风险，中国中小制造企业的转型压力日益巨大。继续沿着现有模式走下去，不但资源和环境难以支撑，也容易受到越南等东南亚国家低成本劳动力的竞争，利润单薄，发展难以持续。中国中小制造企业迫切需要向能创造较高附加值和具有战略意义的研发、设计、渠道和品牌等价值链环节转型升级，必须从规模、速度的发展轨道转向质量、效益的发展轨道，从高速度发展转向高质量发展，才能在第四次工业革命中形成持续发展的能力。

1.1.2 中小制造企业转型升级亟待突破模式依赖难题

由此可见，实施转型升级战略是中国中小制造企业从价值链低端逐步向价值链高端升级、实现企业成长发展之路。然而，当前及今后一段时期，中国中小制造企业要成功实现转型升级，其所面临的结构性战略路径依赖，需要被逐一破解。

首先，中国中小制造企业转型升级，需要突破商业模式依赖。大量中小制造企业满足于合同生产（contract manufacture)，依靠来料加工、加工贸易等业务模式维持生产运营，将精力全部投向生产，很少考虑研发、设计、渠道和品牌等环节。比如，多数原料药制造企业严重依赖“加工贸易”的业务模式，一些制剂企业则依赖代工生产（OEM）和制剂代工，多数衬衫、领带制造企业完全依靠来料加工、代工贴牌的业务模式。受到生产成本上升、汇率波动、出口退税下调和国际需求降低等因素的影响，这些企业往往陷入贫困化增长和业务危机。

其次，中国中小制造企业转型升级，必须破解技术模式依赖。决定企业转型升级的关键因素是技术创新和产品创新，但许多中小制造企业缺乏产品和技术的开发活动、设计活动，单纯依靠原有技术或模仿国外产品设计，甚至根本没有研发功能。

最后，中国中小制造企业转型升级，必须破解资源模式依赖。一方面，许多中小制造企业生产依赖大宗原材料资源，大量消耗资源、破坏环境；另一方面，许多企业难以改变现有资源投向模式、配置模式。由于缺乏必要的资源投入，严重妨碍了企业向技术与资本密集环节（如研发设计、高级原材料生产、复杂零部件生产等）和信息与管理密集环节（如市场营销、品牌运作、专业服务、物流管理等）的高端价值链转移。“巧妇难为无米之炊”，缺乏资源投入的物质条件，必然制约中国制造企业的转型升级进程。

1.1.3 新工业革命下中小制造企业战略变革三大方向

当前，全球范围内新一轮科技革命与产业变革正在孕育兴起，推动着制造业商业模式、生产方式和发展模式的深刻变革。与商业模式依赖、技术模式依赖和资源模式依赖三种依赖相对的，是新时代背景下决定中国中小制造企业生存和发展的三大战略变革趋势：互联网化、智能化和绿色化。

首先，制造企业商业模式出现了互联网化的发展趋势。随着信息技术尤其是互联网技术的不断发展和技术的应用，跨领域、协同化、网络化的互联网新兴平台大量涌现，不断打破制造企业经营管理传统的商业逻辑，深刻重组制造企业旧有的商业模式。随着产业分工日益细化，产品复杂程度不断提升，技术集成的广度和深度也在大幅拓展，以及由于互联网重组传统产业边界，制造企业的生存和发展更加依赖于商业模式的再造和互联网生态的嵌入。网络化的众包、众创、众筹、线上到线下（O2O）等新型创新方式密集涌现，进一步拓展了制造业技术研发和商业模式创新的方式。

其次，制造企业生产方式出现了智能化的发展趋势。新一代信息通信技术与制造业融合发展，是新一轮科技革命和产业变革的主线。德国工业4.0战略、美国工业互联网战略、新工业法国计划等发达国家制造业发展战略都将智能制造作为发展和变革的重要方向。基于新一代信息通信技术的智能制造系统通过集成数据、通信与控制于一体，实现大型物理系统与信息交互系统的实时感知和动态控制，使得人、机、物真正融合在一起，通过全面交互和实时反馈，实现对生产过程的精准化管理，极大地提高了生产效率。利用这一系统，可以实现传统制造业无法实现的目标，典型的是通过批量化定制生产，最大限度地满足个性化需求。主要做法是在每个制造环节嵌入多个生产模块，通过数字化管理实现从产品下单开始，每一道工序都通过生产模块的无缝切换与每一件产品的生产要求进行匹配，在生产过程不间断的情况下实现批量化定制。

最后，制造企业发展模式呈现绿色化趋势。随着中国经济社会发展步入新的发展模式，生态文明建设成为国家建设的重要内容。传统的高能耗、高污染的发展模式将要被替代，制造企业生产污染的标准大大提高，碳化合物、硫化合物等温室气体和污染物排放受到严格限制，制造业进一步向低能耗、低污染方向发展。同时，绿色供应链、低碳革命、零排放等新的产品设计理念、生产理念不断兴起，节能环保产业、再制造产业等产业链不断完善，绿色制造、增材制造日益普及，进一步丰富了制造业绿色化的内涵和方式，为制造企业未来发展提出了明确的新方向。

如何破解三种依赖（商业模式依赖、技术模式依赖和资源模式依赖)、如何顺应三种趋势(互联网化、智能化、绿色化),是摆在中国中小制造企业转型升级发展中的关键战略问题。从理论上揭示中小制造企业破解三种依赖、顺应三种趋势的战略变革行为的影响因素和内在机制,无疑十分必要,也极为重要。

1.1.4 中小制造企业战略变革实践所面临的现实困境

中小制造企业在战略变革实践中,面临着业绩下滑、资源匮乏和认知局限三个主要情境难题。

首先,大量中小制造企业面临着业绩不断下滑的不利发展局面。原材料、能源、土地、人工等要素成本上升,以及国内外市场需求不足、产能过剩等原因,不断挤压企业利润,导致中小制造企业盈利能力不断下降,业绩下滑成为较普通的现象。

其次,中小制造企业普遍存在融资难等资源困境。企业转型升级需要大量、持续的资源投入,然而,中国中小制造企业通常资金积累底子薄,而直接融资、间接融资渠道少,融资困难、融资成本高一直以来都是未能有效解决的中小制造企业发展难题。除了资金问题,中小制造企业还普遍存在高素质人才、技术资源和创新能力等其他资源数量和资源质量不足。在此情况下,与大型制造企业有多种有效方式获取和整合资源实施转型升级战略不同,中小制造企业的战略变革通常依赖于自有资源的积累。

最后,中小制造企业的战略变革显著受到企业家、高层管理团队的认知因素影响。以行为决策与行为选择的理论观点看,决策者对议题的知觉、理解和解释是决定战略行动选择的关键因素,因此,企业家和高管对企业议题的知觉、理解和解释是影响企业转型战略选择的关键因素。从实践的角度,一般来说,成功的企业转型升级归根到底来自企业家整合生产要素、尝试新生产活动的结果,企业家是整合内部生产要素、衔接外部战略机遇的核心要素,只有企业家才能把这两个关键环节有效衔接，形成新的企业支撑点和利润增长点，企业的转型升级才能成功。但由于受到年龄、学识和经历等因素的影响，不少中小制造企业的企业家和高管理念认知等难以跟上经济社会发展的新趋势和新变化，企业家和高管的认知因素，在某种程度上已成为中小制造企业选择和实施战略变革的重要阻力。

综上所述，要扎实发展好中国实体经济、实现制造业强国建设，就不可忽视中国中小制造企业的转型升级问题。目前，中国大量中小制造企业仍处于全球价值链的低端环节，面临低端锁定的现实困境。要成功突破该困境，中小制造企业必须在其面临的绩效下滑、资源匮乏和认知约束三重情境难题下，通过决策实施适当的战略变革，进而破解商业模式、技术模式和资源模式三种依赖，顺应互联网化、智能化、绿色化三大趋势。基于以上实践背景，本书提出的研究课题是：在绩效下滑、资源匮乏和认知约束三重情境下，中国中小制造企业在互联网化、智能化和绿色化方面开展的战略变革有何特征和规律？绩效下滑、资源匮乏和认知约束，对中小制造企业的互联网化、智能化和绿色化等战略变革有何影响？如果有影响的话，其内在的机理是什么？本书将就以上问题，在理论背景方面展开进一步论述。

1.2　理论背景

1.2.1　企业战略变革研究基本脉络概要述评

企业战略变革是企业管理研究领域关注的热点问题之一。随着商业经营环境愈加复杂和动荡变化，战略变革在企业战略实践和研究领域的重要性日益凸显。尽管如此，在几十年的发展中，学界对战略变革的定义也并未统一且相当多元，存在若干相近且密切关联的概念，常见的有战略变革（strategic change）、战略转型（strategic transformation）、战略调整（strategic reorientation）及战略转移（strategic shift）、战略更新（strategy renewal）等。尽管这些概念侧重点有所差异，但其根本特征均是变革，因而，大多国内外学者也并未做出严格区分。

战略变革通常被界定为一种或多种特定战略方面的变化。由于战略包含的要素甚广，某个要素的变更即构成了战略变革，因此，战略变革的概念内涵广泛。如企业提供的商品与服务的变化（Goodstein and Boekers，1991）、研发投入的变化（刘鑫和薛有志等，2015），或者企业业务多元化程度的变化（刘海建等，2009），又或者是各种主要战略方面资源安排的整体变化（Finkelstein and Hambrick，1990；连燕玲等，2014；周守华，2018），都构成了战略变革，而战略变革程度即反映企业在不同时间点上的战略要素差异性大小。

目前，学界一般将战略变革划分为战略变革的内容学派和战略变革的过程学派两个重要经典学派（Ocasio，1997）。其中，战略变革的内容学派主要研究战略变革的战略内容要素及其前因后果。若将战略变革的内容学派研究再做细分，又可进一步将其划分为研究战略发生了哪些变化？哪些因素影响了战略发生变化？以及战略发生变化后导致的结果三个密切关联的构成部分。战略变革的内容学派倾向于使用大样本统计检验变量之间的关系，试图揭示战略变革要素及其影响因素和结果的普适性的因果关系图景。

战略变革的过程学派则侧重于研究战略变革的动态性。企业组织处于复杂变动的环境下，在市场竞争中不断地攻击与反攻击，战略也处于动态演变之中。动态竞争环境差异使得战略变革的动态性可以区分为渐进式变革和激进式变革两种不同程度的战略变革，前者是小规模的战略变动，而后者则反映了大规模乃至颠覆性的战略变革。战略变革的动态性过程及其节奏、方向和结果等，构成了战略变革的过程学派研究的焦点问题。该学派主要采用深度案例分析（万晓榆，金振宇，古志辉和李薇；2011），通过代表性案例从时间维度纵向刻画企业在复杂多变的环境下战略变革的动态图式。

对比两大学派，尽管不能很精确地一分为二，但大致可以说，战略变革的内容学派侧重于研究战略变革中的战略性要素，而战略变革的过程学派则偏向于战略变革中的变革动态性。实际上，随着战略变革研究的不断深化，战略变革的两个经典学派之间的界限越来越模糊，出现了不断融合的趋势，从理论上构建更加统合性的框架越来越成为可能。

现有文献存在三种战略变革观点，分别是决定论（deterministic perspective）、主动论（voluntaristic perspective）和折中论（dialectical perspective）（Müller and Kunisch，2018）。决定论认为，组织的战略变革是由组织外的制度压力和环境压力促使的，外生因素是企业管理者难以影响而只能顺应的（Hannan and Freeman，1977），环境的结构化因素限制了企业战略决策者的行动空间和选项，稀缺的资源和组织结构惯性导致管理者个人因素对组织的影响微弱，构成了企业战略变革的困难。主动论则强调了管理者的主观能动性在战略变革中的关键性作用，从本质上来讲，战略变革仍然是战略管理者的决策过程，因而，管理者不仅能影响战略决策，还能主动地构建和塑造有利于战略变革的外部环境和组织结构，甚至可以创建组织内部机制以服务“变革”的目的。因此，主动论认为，管理者也可以主动地发起和驱动战略变革，主动论关注的是管理者创造、学习，即改变组织内外部环境的动态能力，将管理者视为战略变革的关键。折中论则是以上两种观点的辩证综合，认为环境决定因素及管理者个人因素均有助于理解战略变革规律。战略变革既不是完全客观受制于外部环境因素的限制，也不是完全受到管理者主观能动性的决定，任何单一层面的因素都难以解释战略变革的复杂性，战略变革是个人、组织及环境多层面复杂因素共同交互作用的结果。与两大战略变革学派的融合趋势类似，决定论和主动论两种内在观点交融形成了折中论，战略变革的内在观点也出现了不断融合的趋势。

1.2.2　绩效衰减企业的战略变革：企业重振

绩效衰减情境下的企业战略变革，已成为过去 30 年战略变革研究关注的焦点议题（Boyne and Meier，2009）。该议题经过多年发展，逐渐形成了战略变革研究细分领域——企业/组织重振（turnaround），其核心议题是企业衰退情境下的战略变革过程（Levy and Merry，1986；Pearce and Robbins，1993；Cater and Schwab，2008；Boyne and Meier，2009）。与战略变革相比，企业/组织重振的定义更加狭窄，隐含着企业/组织衰落的背景特征。企业/组织重振实际上是在衰落（包括渐进的衰落和突发的衰落）下，试图通过战略变革实现绩效恢复的过程。随着衰退现象的不可避免及频繁、反复出现，企业/组织重振研究的重要现实价值也显得愈加紧要。

企业/组织衰落意味着持续资源损失（Cameron，Whetten and Kim，1987），可以是一个渐进的过程，也可以是突发的、未预料的破坏（Tushman and Anderson，1986），持续的企业/组织衰落导致危机，威胁企业/组织的生存（Cater and Schwab，2008）。企业/组织衰落激发了企业/组织改变既往的行为策略，启动了转型过程（Cater and Schwab，2008）。有观点认为，面临衰落的组织更可能采取激进行动进行转变（Kiesler and Sproull，1982），外界环境压力变大意味着企业进行转变时机的来临。当企业面临的状况较危急时，它就必须以更快的速度改变自身，切断以往形成的惯例和惰性，以快速的步调进行变革。因此，在战略变革领域，绩效衰减往往被视为企业战略变革的触发器（Schendel and Pant，1976）和核心决策线索（Madsen and Desai，2010）。

1.2.3 绩效衰减情境下的企业变革策略类型

变革策略是指，面对绩效持续性下滑，企业所采取的应对行为模式（Boyne and Meier，2009），旨在逆转组织衰退（Cater and Schwab，2008）。绝大多数的管理者和管理学者将组织衰落视为可逆的（Chowdhury and Lang，1993；Porter，1985），并指出特定的变革策略可以阻止组织绩效衰减，结束组织衰落的威胁并持续恢复组织绩效（Chowdhury，2002）。研究也发现，成功实现转变的组织确实具有一系列类似的活动，特别是在成熟的制造产业（O'Neill，1986）。

尽管学者们对转变战略类型的命名各不相同，但总体上都遵循了二分法。根据含义，可以归纳出两大基本转变战略类型。其一是运营型战略，是指对组织运营的效率优化（Filatotchev and Toms，2006）和对核心业务的重新聚焦（Dawley et al.，2002）。如，精简人员、提高运营效率、缩小某些业务的规模和范围、出售低效资产等；其二是创业型战略，强调对市场和产品的变革和创新（Boyne and Meier，2009），如进入新市场、研发新产品、风险投资、兼并收购等。在以往文献集中，探讨了不同变革策略的有效性：创业型变革策略的有效性基本得到了认同，运营型变革策略的有效性尚存在一定争论（Castrogiovanni and Bruton，2000；Boyne and Meier，2009）。博伊恩和迈耶（2009）认为，争论的原因是，以往忽视了战略变革的特定任务情境等关键变量，缺乏一个整合的理论框架来揭示变革策略发挥效能的过程和条件。

此外，以往多认为运营型和创业型两种变革策略是彼此独立的（Schmitt and Raisch，2013）甚至是互斥的（Pearce and Robbins，2008）。学者们建议企业二者择其一（e. g. Hofer，1980；Schendel et al.，1976），或者分阶段地选用其一（e. g. Bruton et al.，2003；Robbins and Pearce，1992）。但这种观点被认为过于简化了企业变革策略的复杂性（Schmitt and Raisch，2013），也有悖于组织双元性的思想和证据（O'Reilly and Tushman，2013）。企业可能选择运营型战略和创业型战略中的一个，也可能两者兼顾、各有侧重，因此，最新研究开始将两者视作可同生共存（Schmitt and Raisch，2013）、彼此交互（Lohrke et al.，2012）的一对矛盾体，并关注两者的交互效应。

1.2.4 绩效衰减企业变革策略选择影响因素

以往研究认为，绩效衰减情境下企业变革的策略是情境、资源和行动等多阶段作用的过程（Francis and Desai，2005），文献重点分析了环境特征、企业高管和资源条件三方面的因素对战略变革的影响：

（1）环境特征变量。以往考察了一般组织环境与企业重振的关系，发现环境宽宏性越高、复杂性越低，企业重振就越容易成功（Baum and Oliver，1991；Gruca and Nath，1994 ；Lindsley et al.，1995）。但很少有研究考察企业重振所处的任务环境（Boyne and Meier，2009）。学者们普遍认为，对任务环境及其变化的忽视，可能严重削弱研究结论的可靠性（Evans and Green，2000；Morrow et al.，2004；Boyne and Meier，2009）。

（2）企业高管变量。以往重点分析了高管团队更替与战略变革需求和决策的关系（Arogyaswamy et al.，1995；Barker et al.，2001；Lohrke et al.，2004）发现，高管任期太久会降低变革需求，高管轮替可促进战略变革；但也有研究认为，高管团队更替对战略变革决策并无影响（如Bruton et al.，2003；Jas and Skelcher，2005）。还有少量研究将组织视为“高层管理者”的映像（reflection），初步探讨了企业高管的认知因素对企业重振过程的影响（Barker and Barr，2002），但这一方向的研究还很少。

（3）资源条件变量。以往重点考察了资源冗余水平对企业重振的影响（Chowdhury and Lang ，1993；Barker and Duhaime，1997；Francis and Desai，2005），有学者认为，变革策略是资源冗余、组织规模和决策者外部因素控制感的方程（Tan and See，2004）。资源冗余可使组织注意力从防止陷入困境（救火）转移到扩张性战略和更具风险性、创新性、高回报的创业活动上（O'Brien，2003；Kraatz and Zajac，2001），但以往研究未区分资源种类，特别是未将网络关系资源纳入冗余的考察范畴，因而难以解释不同种类资源在企业重振过程中的功能。

基于企业重振研究成果，通过引入企业行为理论的分析框架，结合前景理论和威胁僵化理论等观点，将任务环境（情境因素）、高管团队认知（触发因素）和分类资源（使能因素）等关键因素纳入，构建整体分析框架来解释绩效衰减情境下中小制造企业战略变革行为模式，有助于破解以往的研究局限：①以往十分关注高管轮替因素对战略变革的影响，在中国中小制造企业高管轮替频度不高的现实背景下，这些研究难以解释高管在中国中小企业战略变革过程中的作用；②一般认为，任务环境对变革策略选择更具影响力，但以往基本忽略了任务情境变量，降低了理论的解释效力；③以往未区分资源种类，难以解释不同种类资源（如网络关系资源）在组织转变过程中的功能；④以往研究文献累积形成了理解企业战略变革行为模式和形成机制的碎片，亟需形成整合理论框架，提升对战略变革行为模式和形成机制的理论解释力。

1.2.5　绩效衰减对企业变革策略选择的影响

起初，学者们关注到绩效衰减引致企业变革的现象，并从为企业战略决策者提供管理建议的角度（规范性研究范式），基于理性决策假设，提出了“双匹配”的基本观点。即变革策略应与企业绩效衰减的原因（Schendel et al.，1976）和衰减的严峻性（Hofer，1980）匹配。但随后，战略管理领域“风险—回报悖论”实证显示，企业战略决策是有限理性的，绩效衰减企业在实际的变革策略选择中存在偏向。这一结论引起了学者们的浓厚兴趣，实证性研究范式和有限理性假设也逐渐成为这一领域的主流范式。

有限理性理论认为，组织在决策时往往隐含着一定的参考标准，对决策方案及其结果进行评价和判断时也是以某个参考标准为依据的，即组织决策是参照依赖的。基于有限理性假设，现有研究已经验证了绩效衰减对企业变革策略选择的两种效应：一是绩效衰减提高了企业战略变革决策的冒险性，企业倾向于选择更具冒险性的创业型战略，并运用前景理论（prospect theory）进行解释。如，鲍曼（Bowman，1984）实证发现，绩效较差的企业更倾向于冒险，并首次运用前景理论来解释其决策机制。菲根鲍姆和托马斯（Fiegenbaum and Thomas，1988）对美国 47 个产业的 2322 家企业进行了分时间段分析，进一步支持了期望理论在企业层面的解释力，以及不同产业和时段中解释的稳健性。此后，这一效应的实证证据一直涌现（e. g. Jegers，1991；Bromiley，1991；Lehner，2000；Chattopadhyay，Glick，and Huber，2001；Markovitch，Steckel，and Yeung，2005；Bartol et al.，2008；Bromiley，2009）。二是绩效衰减提高了企业战略变革决策的保守性，企业倾向于采纳更具可控性的运营型战略，并采用威胁僵化理论（threat rigidity perspective）进行阐释。根据该理论，在威胁情境下，为了抵消负面知觉，企业高管更倾向于选择在组织可控域内行动，采取风险规避行为。这一偏向效应的实证证据也陆续涌现（如，Sitkin and Pablo，1992；Barker and Patterson，1996；Chattopadhyay et al.，2001；Shimizu，2007）。

两类证据都证实了绩效衰减企业战略选择的参照依赖效应，但两类证据证实的两种效应方向完全相反，两者的争论至今仍然困扰着学术界。能否构建整合前景理论和威胁僵化理论两种观点的新解释框架，成为当前企业变革策略选择研究的前沿问题（Shimizu，2007；Schmitt and Raisch，2013）。

突破上述难题的关键在于，对单一参照点的多重拓展。前景理论以参照点划分价值区间，发展了传统的决策理论，进而成为经济、管理和行为决策领域最著名的理论之一。但由于前景理论仅包含单一参照点，并不总是符合企业决策基于多个参照标准（多重参照）的事实，因而注定其在预测、解释组织层面复杂的战略决策时存在较大局限。为了打破这一局限，学界开始探索从单一参照点拓展至多重参照点，使理论前提更符合组织决策的实际情形，从而拓展理论的解释效力（Holmes et al.，2011）。如，战略管理学者提出了战略参照点理论（Bamberger and Fiegenbaum，1996；Fiegenbaum，Hart and Schendel，1996），行为决策学者提出了多重参照点理论（陆静怡、谢晓非和唐鑫，2013；王晓田和王鹏，2013）。这些参照依赖研究的最新进展，为发展一个新的理论框架，同时解释企业变革策略的两种选择偏向效应的产生机制，奠定了理论基础。

1.2.6　高层管理团队与绩效衰减企业的变革策略选择

鉴于高层管理团队（TMT）在企业战略决策中的核心角色地位，大量企业扭转研究考察了高层管理团队对企业变革策略的影响。这些研究基本可以区分为两类，一类主要考察 TMT 客观特征的影响；另一类主要考察 TMT 认知特征的影响。

在 TMT 客观特征的影响方面，国外学者基于西方职业经理人制度和上市公司样本，重点考察了 TMT 任期和更替与企业战略变革的关系，发表了大量学术论文（e. g. Arogyaswamy et al.，1995；Barker et al.，2001；Lohrke et al.，2004；Ndofor et al.，2013）。一些研究认为，高管任期太久会降低变革需求，高管轮替可促进企业战略变革；另一些研究则认为，TMT 更替对企业战略变革决策并无显著影响（e. g. Bruton et al.，2003；Jas and Skelcher，2005）。此外，少量研究实证分析了 TMT 组成（Daily and Dalton，1995）、能力（Chen and Hambrick，2012）、薪酬和财富（Campbell，2012）、持股比例（Latham and Braun，2009）等因素对企业变革模式的影响。

高层阶梯理论将企业视为高层管理者的映像（reflection），建议重视 TMT 的认知特征对企业战略选择的影响。虽然针对一般情境中的 TMT 认知特征对企业战略选择的影响研究较多，但国内外具体探讨绩效衰减情境下 TMT 认知因素对企业战略变革过程影响的研究还非常少（Barker and Barr，2002；冉敏，2009）。而基于前景理论和威胁僵化理论的逻辑显然可以推断，在绩效衰减情境下，企业 TMT 的风险感知及相关认知特征对企业变革策略选择有重要的影响。但目前此类研究明显缺乏。因此，TMT 认知特征对绩效衰减企业战略选择的影响值得未来进一步深入探索。值得一提的是，在一些小型企业及企业首席执行官（CEO）本身就是所有者的企业中，根本不可能变革 CEO（Chowdhury and James，1996）。东亚华人 CEO 拥有重要的“关系”资源，变革现任 CEO 是有害的。布鲁顿、阿尔斯特伦和万（2003）（Bruton，Ahlstrom and Wan，2003）、李秀凤等

(2005) 也有类似的结论。在中国制造业以中/小家族企业为主、职业经理人制度尚未普及的现实背景下，以往关于 TMT 任期和更替等研究成果对中国制造企业战略变革的解释效力是不充分的，考察中国本土制造 TMT 认知特征对企业变革策略选择的影响变得愈加关键。

1.2.7 TMT 注意力与绩效衰减企业战略选择

企业注意力基础观最早由奥卡西奥（Ocasio，1997）基于西蒙（Simon）的注意力概念提出的，其将企业视为注意力配置系统，认为解释企业行为就是解释企业如何配置、管理决策者的注意力。注意力配置是指，决策者将时间和精力用来关注、编码、解释与聚焦于议题与答案的过程。

企业注意力基础观研究大部分集中于战略管理研究领域。学者们通常运用高层梯队理论来考察 TMT 的注意力配置与战略选择的关系（Hambrick and Mason，1984）。如赵和汉布里克（Cho and Hambrick，2006）验证了 TMT 注意力与战略变革类型的关系；纳德卡尼和巴尔（Nadkarni and Barr，2008）实证研究了高层管理团队注意力在企业环境与战略决策之间的中介作用；巴米特（Bamett，2008）将注意力与实物期权推理法相结合，考察了管理者注意力与实物期权战略决策的关系。在中文文献中，吴建祖和曾宪聚（2009）首次将注意力基础观的概念引入中国管理学理论界，并开展了一系列研究，吴建祖和赵迎（2012）、吴建祖和毕玉胜（2013）运用案例方法检验了 TMT 注意力配置对企业国际化、多元化战略选择的影响。

这些中外文文献已经基本揭示了高层管理团队注意力在战略选择中的重要功能：环境变化和 TMT 特征影响了高层管理团队注意力配置，注意力配置导致了战略选择的差异，进而影响了企业成长、发展。有关 TMT 注意力配置的思想为剖析绩效衰减情境下高层管理团队认知对企业战略选择的影响，以及为揭开绩效衰减、参照依赖对企业变革策略选择影响的过程“黑箱”，开辟了新的道路。就绩效衰减情境下企业 TMT 注意力配置研究而言，一些新的理论问题值得深入探索。如，绩效衰减对高层管理团队的注意力配置有何影响？这种影响效应受到哪些因素的调节？绩效衰减情境下高层管理团队注意力配置对企业战略选择有何影响？对这些问题的解答，将有助于从理论上厘清绩效衰减与企业变革策略选择之间的内在联系。

1.2.8 绩效衰减情境下企业战略变革研究之不足

综上所述，绩效衰减情境下的企业变革策略类型、影响因素、绩效衰减与企业变革策略选择的关系、TMT与绩效衰减企业变革策略选择、TMT注意力与企业战略选择等相关研究，为本书提供了坚实的理论基础，同时，也提出了有待解决的新问题或值得关注的新趋势。

第一，与对变革策略有效性的研究相比，以往对变革策略选择的影响因素分析在数量上明显偏少，且存在诸多局限性。如，未深入考察任务环境、高管团队认知和不同资源种类等因素在变革策略选择中的作用，缺乏简洁明了的整体理论解释框架等。特别是，对变革策略选择机制，即特定因素如何影响变革策略选择，现有的企业重振理论的解释效力较低，在这一研究方向存在较大提升空间。未来可通过引入企业行为理论、前景理论、威胁僵化观等组织决策理论，构建整体理论框架来解释绩效衰减情境下企业变革策略选择机制，弥补以往的不足。

第二，现有研究已经发现了绩效衰减企业变革策略选择中的参照依赖效应，但对这种效应的方向却存在争论。其根本原因是，无论是前景理论，还是威胁僵化理论，都是基于企业战略决策的单一参照点假设，过于简化了企业战略决策的复杂性，难以刻画实际企业战略决策中通常采用多个参照标准的事实。为了更好地反映企业战略决策中多重参照的特征，本书基于近期战略决策和行为决策领域的多重参照点理论，深入探索绩效衰减企业的多重参照依赖结构。

第三，多重参照点理论是对传统基于单一参照点假设的理论（如前景理论）的重要突破。通过引入多重参照点理论思想，基于多重参照依赖的视角重新审视绩效衰减对制造企业变革策略选择的影响，将有助于形成一个融合了前景理论和威胁僵化理论两种冲突观点的新理论解释，化解当前关于绩效衰减对企业变革策略选择影响的结论争议。因此，本书将在揭示绩效衰减企业战略决策的多重参照依赖结构基础上，构建一个权变模型，整合前景理论和威胁僵化理论两种冲突观点，揭示绩效衰减企业变革策略选择的多重参照依赖效应。

第四，以往已经论证了高层管理团队注意力在企业环境变化与企业战略变革之间的中介效应，但尚未将该思想运用到绩效衰减这种特殊情境下的企业战略选择研究中。绩效衰减如何影响高层管理团队注意力配置？这种影响受到哪些因素的调节？高层管理团队注意力配置会对绩效衰减企业的战略选择有何影响？这些问题尚未得到解答。而对这些问题的解答将有助于揭示绩效衰减和参照依赖对于制造企业变革模式选择的作用过程，为传统的基于风险决策价值曲线的解释提供新的补充。

第五，当前关于绩效衰减与企业变革策略选择之间关系的研究多聚焦于战略变革的过程研究，而对战略变革的内容几乎未曾考察。正如前文所述，当前中国中小制造企业的战略变革有其特定的任务和背景，在绩效下滑、资源匮乏和认知约束三重特定情境下，中小制造企业在互联网化、智能化和绿色化三个关键战略变革内容领域如何决策和行动，是极具现实指导意义的研究课题，有待学界基于描述性研究范式，运用实证研究方法逐一解答。

1.3　研究问题、研究目标和研究内容

1.3.1　研究问题与研究目标

综合以上现实背景和理论背景，本书提出如下研究课题：绩效衰减、

资源匮乏和认知局限三重现实困境，对中国中小制造企业在商业模式创新、数字化转型和绿色创新三大战略变革内容领域的行为决策有何影响及如何影响？绩效衰减对中国中小制造企业变革策略选择有何影响（作用模式）、如何影响（作用机理）？如何规避绩效衰减情境下中小制造企业战略变革潜在的战略决策陷阱和战略行动误区？

为解答上述课题，本书基于描述性研究范式和折中论及综合战略变革研究的经典学派的学术观点，在王重鸣（2000，2003）和梅胜军（2010，2013）的“适应—选择—发展（adaption-selection-development）”的组织变革和适应三阶段模型基础上（后文按英文首字母简称为“ASD”），构建并检验了更加微观具体的“情境（context）—触发（precipitating）—使能（enabling）—行为（conduct）—绩效（performance）”（后文按英文首字母简称为“CPE-C-P”）权变过程模型，围绕“揭示绩效衰减情境下中小制造企业战略变革行为的决定机制”这一总目标展开各项研究。具体地，本书研究目标主要包括以下四点。

第一，考察绩效落差、资源冗余、高管团队认知对中小制造企业战略变革内容（具体包括商业模式创新、数字化转型、绿色创新）的影响模式；

第二，厘清绩效衰减与中小制造企业变革策略选择之间的关系，从理论上解释以往研究中悖论观点产生的原因；

第三，检验绩效衰减情境下中小制造企业多重参照依赖对 TMT 注意力的影响，检验绩效衰减制造企业变革策略选择的多重参照依赖效应；

第四，剖析绩效衰减情境下中小制造企业变革策略选择的多重参照依赖效应的产生过程，进而揭示绩效衰减情境下中小制造企业战略变革行为的内在机制。

1.3.2　研究内容框架

根据预定的研究目标，本书基于图 1－1 的初步理论模型展开系统、规范的理论研究和实证研究。首先，我们将通过文献研究，对这个初步理论模型做必要的补充和完善。其次，我们综合运用开放式问卷、半结构化访谈、内容分析、封闭式问卷和数理统计等手段开发或修正绩效落差、资源冗余、高管团队认知、战略变革、多重参照依赖、企业绩效等关键变量的测量工具。在此基础上，我们采用大样本问卷调查等方法交叉验证修正后的综合理论模型。最后，我们基于这些实证证据，系统分析绩效衰减中小制造企业战略管理中的潜在战略决策陷阱和行动误区，并提出若干建议。

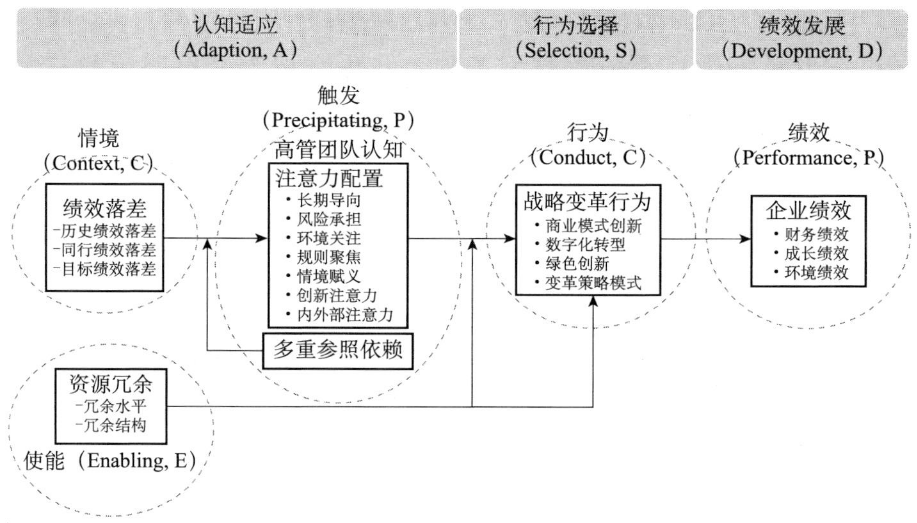

图 1－1　本书总体理论框架 CPE-C-P 模型

资料来源：笔者整理绘制而得。

本书研究内容从战略变革内容和战略变革过程两个维度展开。聚焦于绩效衰减情境下中小制造企业战略变革的战略内容要素维度——商业模式创新、数字化转型、绿色创新，分别考察绩效衰减情境下中小制造企业在上述战略内容要素方面的行为模式，以揭示绩效衰减情境下中小制造企业战略变革行为的规律。

本部分（本书第 2～第 4 章）的研究目标为：构建并检验绩效衰减情境下中小制造企业变革策略内容选择机制的 CPE-C-P 理论框架。拟解决的关键科学问题为：绩效落差、资源冗余（资源冗余水平，资源冗余结构）和高管注意力配置对中小制造企业变革策略的内容选择（商业模式创新、数字化、绿色化）有何影响？

其次，在战略变革内容研究基础上，转向战略变革过程研究。将聚焦于绩效衰减情境下中小制造企业战略变革行为的内在形成机制，通过引入多重参照依赖和企业注意力基础观两个新理论视角，打开绩效衰减情境下中小制造企业战略变革行为选择模式背后的机理“黑箱”，揭示绩效衰减情境下中小制造企业战略变革行为选择的多重参照效应及其产生过程，从而为分析中小制造企业战略变革过程中潜在的战略决策陷阱和行动误区奠定理论分析基础。最后，在实践上为中国制造企业转型升级提供战略指引。

本部分的研究目标（第 5 章、第 6 章）为，揭示绩效衰减情境下中小制造企业变革策略选择机制、多重参照依赖效应及多重参照依赖效应机制。拟解决的关键科学问题为，多重参照依赖效应如何与绩效落差（历史绩效落差、同行绩效落差）交互影响中小制造企业的战略变革行为？高管团队注意力配置在其中有何影响？

1.4　研究方法和研究技术路线

本书通过文献研究、纵向追踪问卷调查等综合方法，研究检验 CPE-C-P 理论框架。为在取样环节控制一般环境因素等控制变量，将主要集中在“长三角”地区制造产业集群内选取中小制造企业样本。运用配对成套问卷调查收集数据，从方法设计上尽量避免同源偏差。测量变量主要为绩效落差、资源冗余、高管团队认知和战略变革行为等变量，以及企业员工规模、创建时间等控制变量。主要运用相关分析、回归分析等多元统计分析技术检验研究假设。

本书拟按照图 1－2 的总体推进路线，分四个阶段有序推进。针对每个研究阶段的具体特点采用不同的研究方法。第一阶段主要通过文献检索和已经建立的国内外学术联系，系统梳理、归纳和总结现有理论研究、实证研究成果，进一步明晰本书研究的问题，并补充和完善图 1－1 所示的综合理论模型。通过检索 EBSCO、ABI、PsycINFO、ProQuest 和 CNKI 等国内外学术数据库，全面收集与企业转型升级、战略变革、企业行为决策和 TMT 注意力等研究领域密切相关的文献资料。通过已经建立的国内外学术联系，广泛了解与本书相关的最新学术研究发展。

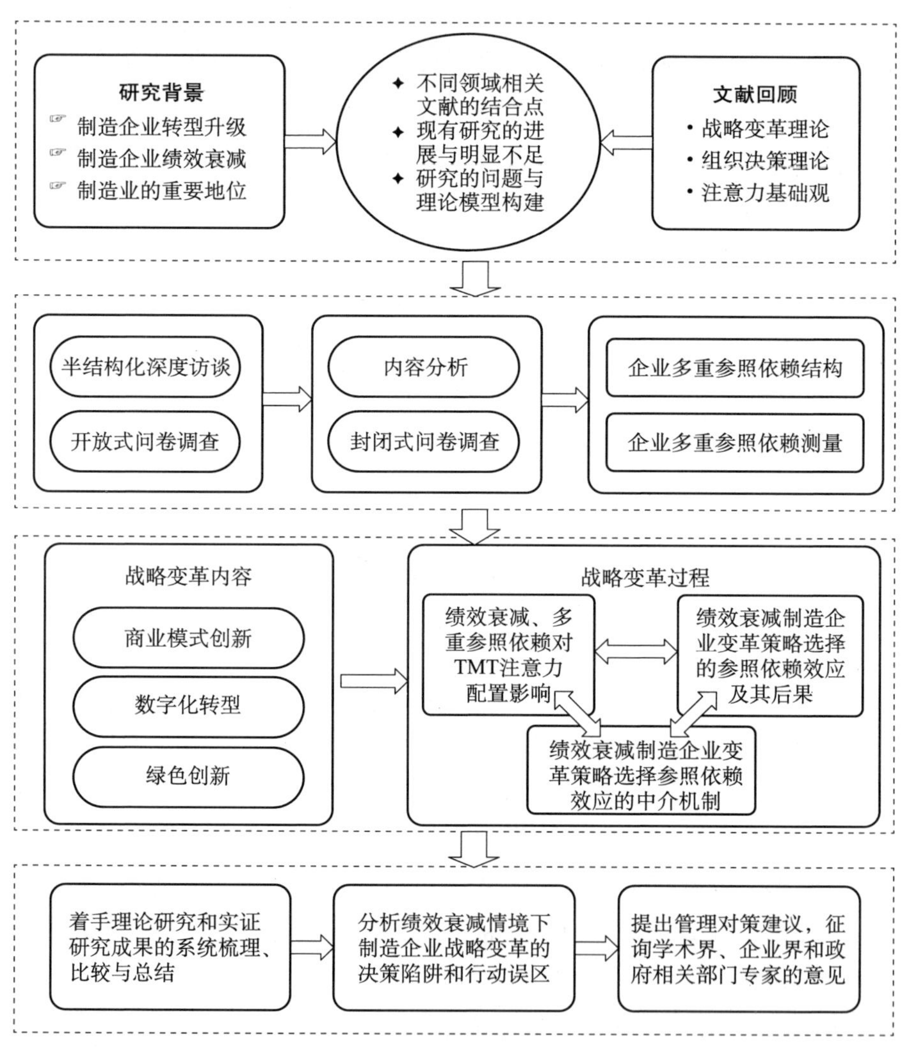

图 1－2　本书研究阶段推进路线

资料来源：笔者整理绘制而得。

第二阶段主要采用半结构化深度访谈、开放式问卷调查、内容分析和封闭式问卷调查等方法。半结构化深度访谈和开放式问卷调查用于多侧面了解制造绩效衰减情境下中小制造企业战略变革行为特征等，重点了解和刻画多重参照依赖的结构及典型行为表现，并开发初步测量工具。

第三个阶段主要采用现场问卷追踪调查数据分析等方法。大样本现场问卷追踪调查的主要目的是，在实际企业情景中检验绩效衰减、资源冗余、高管团队认知和中小制造企业战略变革行为之间的理论假设。现场问卷追踪调查数据可以更充分地反映绩效衰减中小制造企业战略变革行为的规律，能够明显提高研究结论的外部效度。我们抽取400余家中小制造企业样本进行问卷追踪调查，尽可能控制研究过程中的样本流失。为了提高研究设计的质量，我们采取多来源、多时点收集调查数据，力图控制和降低共同方法偏差，并明晰变量之间的因果关系，见图1－2。

1.5　研究价值和研究意义

在出口市场萎缩、要素价格上涨、环保要求提升等综合因素的持续影响下，近期，中国大量传统制造企业绩效持续性衰减。绩效衰减往往是企业转变的触发器（Schendel and Pant，1976）和决策线索（Madsen and Desai，2010）。因此，在促进传统制造业转型升级的背景下，值得学术界和实践界共同关心和思考的问题是：绩效衰减中我国制造企业战略变革的选择有何影响？如何规避其中潜在的战略决策陷阱和战略行动误区？本书在追踪战略变革、战略选择和行为决策、企业注意力基础观等领域最新成果的基础上，将以往忽视的绩效衰减情境等因素纳入考察范畴，通过构建CPE-C-P理论解释框架，揭示中国中小制造企业战略变革行为的关键动因和过程，运用纵向追踪实证方法，最终检验一个新的理论分析框架来回应上述问题。该项工作主要有以下五点意义。

（1）本书将丰富企业转型升级研究的分析视角，为发展中国制造企业转型升级理论提供行为层面与决策层面的微观证据。企业转型是当前中国理论界、实践界关注的前沿热点问题，但在企业层面对转型机制进行有效解释的理论框架还不多见（朱健安和周虹，2008；吴家曦和李华燊，2009），且多数采用价值链、社会网络、组织学习和创新等视角，而从企业战略选择角度进行探讨的极少，企业转型的战略选择机制仍然是待解的"黑箱"。本书采用行为、决策视角，将丰富现有的研究视角，为发展中国制造企业转型理论积累微观研究基础。

（2）基于 ASD 理论框架提出的 CPE-C-P 框架，纳入了以往经常忽视的绩效衰减情境，在解释中国中小制造企业转型升级机理方面，具有更强的生态效度，进一步发展了组织转变理论。受全球金融危机、出口市场萎缩、产业分工调整、要素价格上涨和环保压力上升等多层次因素的综合影响，近年来，中国中小制造企业效益整体下滑，大量企业经营困难甚至陷入"倒闭潮"。尽管一些研究关注或论及了这一转型升级情境因素，但鲜有研究将其作为关键动因正式纳入企业转型升级的理论解释框架内。绩效衰减作为企业转型升级的关键决策线索，将其排除在理论解释框架之外，无疑会削弱理论的解释效力。组织重振理论的核心议题，即是衰退情境下的战略变革过程，这与中国企业转型升级所面临的现实背景高度一致，使得基于该理论构建的 CPE-C-P 框架具备很好的生态效度。目前，国内很少有文献在这一研究方向进行过深入探讨，本书将弥补以往不足，有助于推动中国中小制造企业组织转变理论的发展。

（3）通过借鉴参照依赖研究的最新成果，本书可望化解当前关于绩效衰减对企业变革策略选择影响的结论争议，形成一个融合了前景理论和威胁僵化理论两种冲突观点的新理论解释。在现有研究中，绩效衰减对企业变革策略选择的影响一直存在两种截然相反的结论（Mone，McKinley and Barker，1998；McKinley，Latham and Braun，2014）：一是基于前景理论的逻辑，发现绩效衰减导致企业倾向于选择风险相对较高的创业型战略；二是基于威胁僵化理论的证据，论证了绩效衰减导致企业偏向于选择风险相对较低的运营型战略。尽管两种理论都印证了企业战略决策的参照依赖（reference dependence）效应，但都因基于单一参照点的内在假设而存在理论局限。基于近年来战略决策领域和行为决策领域的多参照点理论思想，将有望形成一个融合了前景理论和威胁僵化理论的新理论，合理解释上述争议的内在原因，从而推动企业变革策略选择研究向前发展。

（4）通过引入企业注意力基础观的观点，本书将揭开绩效衰减和参照依赖影响企业变革策略选择的过程机制，补充基于风险决策价值曲线的传统解释。现有研究基本采用风险决策的分析视角，考察绩效衰减与企业变革策略选择之间的关系。因此，对参照依赖效应产生原因（为什么）的解释，也是基于风险决策中的价值曲线。但运用价值曲线的缺陷，是难以揭示绩效衰减和参照依赖对制造企业变革模式选择产生影响的认知/行为过程（如何）。目前，这一过程仍然是一个待解的"黑箱"。而企业注意力基础观的思想和研究进展，为解开"黑箱"提供了新思路。本书通过引入基于企业注意力基础观的战略形成观点，将有望揭开绩效衰减和参照依赖影响企业变革策略选择的过程机制。

（5）在现实意义方面，本书对预判制造企业战略变革中潜在的战略决策陷阱和战略行动误区，指导当前制造企业转型具有重要价值，对促进传统制造业转型升级的政策制定也有一定启发意义。中小制造企业在实体经济发展中具有重要地位。但受内外部环境等因素的影响，中小制造企业发展面临较大挑战，推动中小制造企业转型升级已势在必行，但任重道远。以中小制造企业为考察的对象主体，在企业层面分析转型升级问题，不仅有助于全面深刻地理解转型升级的内涵，也有助于推动中国经济和中小制造企业的可持续发展，具有良好的现实意义。在威胁或损失等逆境下的战略决策和变革行动一直是企业战略管理者的巨大挑战，因为管理者们极易陷入种种决策陷阱和行动误区，顾此失彼，最终影响乃至决定了企业命运。本书对变革策略选择的理论研究，可帮助预判制造企业转型中的战略决策陷阱；对变革策略的主效应和交互效应的检验，可用来分析制造企业转型中的战略行动误区。无论是在战略决策分析上，还是在变革行动实践上，本书都具有很好的指导价值。此外，这些理论成果也可以用于分析一些政策对企业转型决策和企业转型行为的影响，对于政策制定者也有一定的启示意义。

第2章 绩效衰减情境下中小制造企业的商业模式创新

2.1 研究背景与研究问题

随着以信息通信技术为代表的新兴技术蓬勃发展，大量新型商业模式不断涌现，对传统制造企业的竞争规则产生了颠覆性影响。作为连接技术潜力与经济价值实现的启发式逻辑（Chesbrough and Rosenbloom，2002），商业模式创新正成为信息经济时代企业转型升级的重要载体和突破口（罗珉和李亮宇，2015），商业模式创新也成为战略变革和创业管理等研究领域的焦点议题。作为复杂的创业活动，商业模式创新是嵌入在特定的社会情境和制度情境中的（Hargadon and Douglas，2001）。尽管近年来商业模式创新研究取得了显著进展（金玉然和戢守峰等，2018），但对中国经济转型期的商业模式创新活动特征还未给予足够重视（罗兴武和刘洋等，2018），商业模式创新的前置因素和形成机制分析不足（Wirtz et al.，2016；吴晓波和赵子溢，2017；Liao S. and Z. Liu，et al.，2019），制约了商业模式创新理论的进一步发展（Arend，2013）。

当前，中国经济已由高速增长阶段转向高质量发展阶段，制造业正处于转型升级的关键期。在此大背景下，一个值得关注的特殊情境是，由于全球竞争加剧、出口市场萎缩、要素价格上涨、环保要求提升等综合因素的持续影响，大量中小传统制造企业出现了渐进性绩效衰减的现象。由此，一个在理论层面和实践层面都亟待考察的问题是：绩效衰减对中国中小制造企业商业模式创新有什么（如何）影响？如何规避其中潜在的战略决策陷阱？尽管探讨情境因素对商业模式创新的影响由来已久，但回顾文献也可发现，以往侧重分析技术、行业和制度等外在且宏大的一般情境因素，基本未考察企业绩效衰减等反映企业自身发展状态的微观而内在的情境因素对商业模式创新可能的影响，在实证分析中，甚至未将其作为控制变量纳入研究分析框架中。

查理·芒格（Charlie Munger）说，宏观是我们必须要接受的，而微观才是我们能有所作为的。站在企业战略决策的角度，绩效衰减往往是企业变革的触发器（Schendel D. and G. R. Patton et al，1976）和决策线索（Madsen P. M. and V. Desai，2010）。一方面，基于企业行为理论、威胁僵化理论、前景理论等的企业层面的实证研究均一致验证了绩效衰减对企业行为的显著作用，由此可以从逻辑上推演，绩效衰减也可能对中小制造企业商业模式创新有显著性影响；另一方面，关于绩效衰减对企业行为的作用方向的结论，却是截然相反的（Mone M. A. and W. McKinley et al.，1998；McKinley W. and S. Latham et al.，2014）：基于企业行为理论和前景理论的研究发现，绩效衰减导致企业更倾向于冒险，而更可能采取变革举措和创新举措；而威胁僵化理论的证据表明，绩效衰减会导致企业更偏向保守，而阻碍变革和创新。面对上述悖论，本章试图通过引入组织注意力配置和资源冗余作为调节因素，构建一个权变理论模型，实证检验绩效衰减对中小制造企业商业模式创新的影响，并解释导致前述矛盾推论的权变因素。

本章研究存在以下可能的贡献：首先，本章结合中国制造业转型的现实情境，探究中国中小制造企业在绩效衰减情境下如何开展商业模式创新，将进一步丰富商业模式创新前置因素研究，深化人们对特定情境下商业模式创新形成机制的理解；其次，本章在整合环境适应论、认知行为说、资源基础观等多视角基础上构建的权变理论模型，为绩效衰减与企业战略行为选择之间关系的悖论提供了进一步的理论解释；最后，本章的研究结论对指导规避中小制造企业商业模式创新中的战略决策陷阱，推动中国传统制造企业转型升级、做强实体经济、抓好制造业等，也具有一定价值。

2.2　文献综述与研究假设

2.2.1　商业模式创新研究概述

商业模式创新是指，企业寻找创造价值、传递价值及获取价值的新逻辑和新方式的系列活动（Zott C. and R. Amit，2009）。一些文献将商业模式创新定义为对产品和服务提供过程进行 5W2H 的改进（Mitchell D. and C. Coles，2003；Mitchell D. W. and C. Bruckner Coles，2004）。但一般认为，除了涉及产品创新和流程创新之外，商业模式创新更强调对各类资源要素和交易结构的创新组合或重构（Demil B. and X. Lecocq et al.，2015）。与产品创新、服务创新、技术创新、市场创新等其他创新一样，商业模式创新同样能够为企业带来创新租，获得超过其他企业的竞争优势（Zott C. and R. Amit，2007）。

近年来，商业模式创新的前置因素和形成机制，是研究关注的焦点。梳理已有文献，我们可以将相关研究大致区分为三类经典视角：其一为环境适应论，认为企业需要通过探索新的商业模式以适应外在变化（McGrath，2010），而商业模式创新是企业受外部环境变化驱动的结果，侧重于分析技术、行业、制度和社会等外在情境因素的影响。最先受关注的是技术创新等外在环境变化对企业传统商业模式产生的颠覆性影响，如，以互联网为代表的信息技术的快速发展（Zott C. and R. Amit，2009），开启了商业模式创新的时代，涌现出 B2B、B2C、C2C、O2O、C2M、LBS、P2P 及免费型、共享型、跨界型等大批新颖乃至颠覆性的商业模式。而随着大数据、云计算等信息技术应用的持续深化，工业 4.0 和工业服务化等的发展也在不断推动企业商业模式创新（Frank A. G. and G. H. S. Mendes et al.，2019）。此外，社会消费需求的多样化和个性化趋势、激烈的市场竞争格局、循环经济和可持续发展的政策取向（Pieroni M. P. P. and T. C. McAloone et al.，2019）等，都催化了企业商业模式创新竞赛。

其二为认知行为说，认为商业模式创新的起点，是从以高层管理团队为核心的组织认知改变开始的，是组织认知和行为驱动的过程（Martins L. L. and V. P. Rindova et al.，2015），突出了高层管理团队及其认知结构、组织认知和行为惯性、组织试验和组织学习等因素的作用。学者们敏锐地注意到，同处于激烈演化的外部环境，不同企业间商业模式创新行为却存在巨大差异，商业模式创新的异质性现象说明了企业内生变量在商业模式创新中可能存在的决定性影响。组织认知和行为视角的研究发现，企业对环境压力的感知（Venkatraman N. and J. C. Henderson，2008）和外部环境认知（Baden-Fuller C. and S. Haefliger，2013）、对机会的识别（Schneider，2019）等是企业启动商业模式创新的触发点。高管团队分布式领导（Liao S. and Z. Liu et al.，2019）、认知和行为整合（胡保亮，赵田亚等，2018），以及组织的开放式学习（Chesbrough，2010）、搜索行为（Snihur Y. and J. Wiklund，2019）、即兴行为等对企业商业模式创新都有显著影响。

其三为资源基础观，作为战略领域最具影响力的理论视角，此类研究强调了企业资源和企业能力构成商业模式创新的重要条件，分析了企业技术能力、社会资本（社会网络）、动态能力、资源冗余及资源依赖等因素的作用，重点回答的是企业凭什么能够进行商业模式创新。已有文献报告了企业资源和企业能力在形成商业模式创新中的两面性：一方面，企业的资源和能力，如智慧资源（Khan S. Z. and Q. Yang et al.，2019）、整合能力（Pang C. and Q. Wang et al.，2019）、服务创新能力（Kiani M. N. and M. Ahmad et al.，2019）、产品创新能力（Nunes M. P. and A. P. Russo，2019）、人力资源和组织能力（Tian Q. and S. Zhang et al.，2019）、吸收能力、动态能力、社会网络等，有助于企业克服商业模式创新过程中的阻力、冲突和风险等负面影响（Doz Y. L. and M. Kosonen，2010），确保新商业模式的实现（Augier M. and D. J. Teece，2009；Teece，2010），正向驱动了商业模式创新；另一方面，由于惯性和惰性，企业会倾向于延续或复制过去的成功，企业已有的资源和能力也可能构成资源依赖、能力依赖等陷阱（Bohnsack R. and J. Pinkse et al.，2014；Gerasymenko V. and D. De Clercq et al.，2015），形成资源和能力的锁定效应（Sosna M. and R. N. Trevinyo-Rodríguez et al.，2010），进而阻碍商业模式创新的形成。

尽管关于商业模式创新异质性原因的研究取得了较大进展，却也留下了研究缺口：首先，正如有学者特别指出的，由于缺乏一个整合不同研究视角的系统理论框架，使得揭示商业模式创新的形成机制变得困难（Arend，2013）。现有研究揭示的商业模式创新异质性驱动因素较为零散，不同研究视角下的前置因素有待在一个整合性的理论框架内进一步检验，以界定它们在商业模式创新形成机制中的不同角色和不同地位。其次，以往研究基本忽略了企业绩效衰减等反映企业自身发展状态的微观而内在的情境因素的可能影响，对中国转型经济情境下的商业模式创新关注度不足。最后，总体来看，商业模式创新研究处于发展的早期阶段（江积海，2014），基于大样本的定量实证分析还较少，对在位企业与新创企业、制造企业与服务企业等特定类型企业的指向性研究也不足（吴晓波和赵子溢，2017）。有必要在区分特定类型企业的基础上，进一步开展大样本实证分析，推动企业商业模式创新形成机制理论的纵向深入发展。

基于以上分析，本章研究选择以中国民营制造业企业作为研究对象，综合当前商业模式创新研究的三种经典理论视角，引入反映企业微观内在情境因素的绩效衰减、代表组织认知的企业高管注意力导向，以及体现企业资源水平的资源冗余等变量，构建并通过大样本调查实证检验一个整合型权变分析框架，以期推动中国经济转型期的商业模式创新理论发展。

2.2.2 绩效衰减与商业模式创新：企业行为理论和前景理论的观点

自 1958 年马奇和西蒙首次提出企业行为理论以来，它已成为战略和组织研究的主流理论之一（Weick，2017）。企业行为理论重点解释了企业面对问题时的行为决策机制，其重要的理论观点是，企业行为的选择取决于企业绩效与期望目标的比较：当企业绩效低于期望目标时，将刺激企业搜寻问题，作为修正后续行为决策的依据（Cyert R. M. and J. G. March，1963），驱动企业寻找新的后续行动选项；相反，当企业绩效高于期望目标，表示决策目标已然达成，说明以往采取的行为策略成功有效，企业将倾向于维持既有模式（Baum J. A. and K. B. Dahlin，2007）。实证研究发现，除非面临问题，否则企业不太可能考虑寻求新策略以替代现有行动（Mazzelli，A. and R. S. Nason et al.，2019）。按照企业行动理论的逻辑可以推论，绩效衰减作为一种企业问题信号，会促使企业搜寻新策略选项，寻求创新商业模式。按照企业行为理论的逻辑，当企业绩效衰减（低于期望目标）时，将刺激企业高管反思现行商业模式的有效性，促使企业探索商业模式其他的可能选项，激发商业模式创新。

商业模式创新通常意味着对企业价值主张、交易结构、成本结构和盈利模式的更改，其典型企业行为包括：对市场和产品的变革和创新、组织网络关系的重构、组织内部结构的变革、新技术的采纳与运用等，通常伴随着较高的风险性（Gupta A. K. and K. G. Smith et al.，2006）、不确定性和低可控性（Chattopadhyay P. and W. H. Glick et al.，2001）。因此，从创新风险性角度看，商业模式创新是企业在不确定性情景下的风险决策过程。前景理论认为，人们在面对损失时，为了扭转劣势，反而积极冒险，成为风险的追求者（Kahneman D. and A. Tversky，1979），基于前景理论的企业层面研究提供了该结论的实证证据（Shimizu K. and M. A. Hitt，2005）。依照期望理论的逻辑，在企业绩效衰减情境下，企业处于“失”的决策框架下，企业后续决策将转趋激进而成为风险偏好者（Shimizu，2007），有助商业模式创新的形成。基于以上企业行动理论和前景理论的分析，本章提出研究假设 2－1。

研究假设 2－1：绩效落差显著促进了中小制造企业商业模式创新。

2.2.3　绩效衰减与商业模式创新：威胁僵化观

与企业行为理论和前景理论的结论相反，威胁僵化观（threat rigidity perspective）认为，绩效衰减提高了企业行为决策的保守性，其内在逻辑是：在威胁情境下，为了抵消负面知觉，企业高管更倾向于选择在组织可控域内行动，以规避进一步的风险和损失。这种风险规避偏向效应的实证支持也陆续涌现（Chattopadhyay P. and W. H. Glick et al.，2001；Shimizu，2007；Sitkin S. B. and A. L. Pablo，1992；Barker III V. L. and P. W. Patterson Jr.，1996）。

威胁僵化观之所以与企业行为理论和期望理论的结论截然相反，可能是因为威胁僵化观分析的是绩效衰减程度较为严重的情景（梅胜军，王重鸣，2011）。在此情景下，企业高管感受到了诸如破产等生存威胁的冲击。而企业行为理论和期望理论侧重于分析的是企业绩效衰减程度一般的状况，企业高管尚未感到生死存亡的危险程度，认为仍然存在较大的扭转颓势的可能。也就是说，在绩效衰减情景下，可能存在一个绩效衰减程度的临界点：在临界点之下，适用于企业行为理论和期望理论；而在该临界点之上，由于企业高管感受到严重的生存威胁，企业风险行为出现了反转，变得更加保守，适用威胁僵化观。由此推论，绩效衰减对企业商业模式创新呈倒“U”形影响，提出研究假设 2－2。

研究假设 2－2：绩效落差与中小制造企业商业模式创新呈倒“U”形关系。

2.2.4　高管注意力与商业模式创新：企业注意力基础观的视角

企业注意力基础观最早由奥卡西奥（1997）基于西蒙的注意力概念

提出，将企业视为注意力配置系统，认为解释企业行为需要理解企业如何配置和管理决策者的注意力（Ocasio，1997）。已有文献已验证了高层管理者注意力模式对企业战略制定（Levy，2005；Cho T. S. and D. C. Hambrick，2006；Ocasio W. and J. Joseph，2005）和公司创业（Bouquet C. and J. Birkinshaw，2008；Monteiro，2015；Ren C. R. and C. Guo，2011）的显著影响。

注意力是指，决策者关注、编码、解释与聚焦于议题与答案的过程。由于人类认知能力的局限，人们通常依据一套自我规则系统进行选择性关注、编码、解释和判断，这套自我规则系统把理想、不理想的结果状态作为参照，其核心是起到激发人们追求理想目标状态或远离不理想目标状态的功能，将当前的现实自我与理想的目标状态连接得更近，缩小两者之间的差距。

从时间维度看，理想的目标状态有近期和远期之分，决策者注意力导向也有短期导向和长期导向，前者关注短期理想状态实现效率、强调效率（efficiency），后者关注长期理想状态实现、注重效能（effectiveness）（Covin J. G. and D. P. Slevin，1989；Venkatraman，1989）。尽管两种注意力导向并不是绝对相互排斥的，但通常反映了决策者不同的战略优先和组织过程（Hamel G. and C. K. Prahalad，1994），在组织有限资源的竞争性配置中很难兼顾（Slawinski N. and P. Bansal，2015）。有研究在分析诺基亚案例时发现，高层管理者因注重短期的产品创新而牺牲了长期导向的创新（Vuori and Huy，2016）。长期导向的高层管理者通常不强调必然的短期回报，而强调对未来趋势机会的把握。当他们面对绩效衰减时，会倾向于从长期视角解读绩效衰减信号，将其视为应当采取长期策略的证据，因而会更加积极地将资源投向对长期目标实现具有基础性影响的商业模式等领域。相反地，在注意力短期导向下，由于企业高管更加关注企业短期内绩效改善，当企业绩效衰减时，他们将更倾向于将精力和资源投入裁员、剥离不良资产等短期性提效降本策略，而不太愿意做长期创新投资（Souder D. and J. M. Shaver，2010）。基于此，提出研究假设 2 - 3 和研究假设 2 - 4。

研究假设 2 - 3：高管注意力长期导向，显著促进了中小制造企业商业模式创新；

研究假设 2 - 4：高管注意力长期导向，显著强化了绩效落差与中小制造企业商业模式创新之间的关系。

2.2.5　资源冗余与商业模式创新：资源基础观的视角

企业创新需要持续投入没有回报保证的资源（Boyne G. A. and K. J. Meier，2009）。基于资源基础观的研究发现，资源冗余能显著促进企业对突破性产品创新的投入（Nohria N. and R. Gulati，1996）、风险承担（Marlin D. and S. W. Geiger，2015）和适应（Kraatz M. S. and E. J. Zajac，2001），帮助组织应对创新失败和损失（O'Brien，2003）。相反地，缺乏资源冗余的企业拥有的决策选项较少，限制了变革和创新的可能性。由此可见，资源冗余会直接影响企业高管面对商业模式创新决策时的风险态度。企业资源冗余水平越高，企业高管越愿意承担商业模式创新的风险，也更有商业模式创新所需的资源条件；反之，企业资源的匮乏则限制了企业商业模式创新的空间，同时，也会使企业高管渐趋保守，减少商业模式创新活动以控制企业风险和不确定性。由此提出研究假设 2 - 5。

研究假设 2 - 5：资源冗余水平越高，绩效衰减情境下中小制造企业越可能进行商业模式创新。

企业资源是企业对抗环境不确定性的缓冲机制。在环境变化时，资源冗余扮演着平稳及适应的角色。当企业绩效衰减时，资源冗余可使企业的注意力从防止陷入困境（救火）转移到扩张性战略和具有风险性的创新活动上，从而有利于商业模式创新。而当企业同时面临绩效衰减和资源匮乏时，企业更倾向于降低潜在不确定性和风险性活动，聚焦于已知的、更加可预测的效率型活动上，战略变革受到阻碍。即使企业高管主观上认为商业模式创新是最优战略，但战略所需资源的匮乏也会在一定程度上限制企业的创新活动。按照威胁僵化观，当企业资源匮乏形成财务困境乃至破产威胁时，更会出现企业僵化无为的现象（Staw B. M. and L. E. Sandelands et al.，1981；Audia P. G. and H. R. Greve，2006）。可见，在企业绩效衰减时，资源冗余水平越高，越能促使企业商业模式创新；而资源冗余水平越低，则更能进一步妨碍企业商业模式创新。基于此，提出研究假设2－6：

研究假设2－6：资源冗余和绩效落差显著交互影响了中小制造企业商业模式创新。

2.2.6 商业模式创新与企业绩效

随着制造产业的互联网化，传统制造企业的价值链逐渐由一个链式过程转变为以顾客为中心的价值网络体系，价值网络体系中的成员通过价值创造机制密切关联，共同为顾客创造价值。商业模式创新能够实现制造企业在价值链上与价值网络成员新的链接，有助于制造企业开创新市场并建立新的合作关系，创造全新的市场空间（Kim and Mauborgne，1999），能够打破传统意义上产品或服务的壁垒，吸引更多潜在用户（Lumpkin et al.，2002），在原有市场上实现价值的增值。同时，商业模式创新强调产品或服务的创新性，创造出新的产品和服务（交易内容），通过提供创新性的产品、服务或者体验，刺激客户的购买意愿，或者以新颖的方式将利益相关者纳入交易框架中（交易结构和治理），显著增强客户黏性，企业自身的议价能力也会随之提升（Osterwalder，2004）。由此可见，商业模式创新是影响互联网背景下制造企业绩效的重要来源。基于以上推论，提出研究假设2－7：

研究假设2－7：中小制造企业商业模式创新显著提升了其企业绩效。

综合以上文献综述和研究假设，本章构建了如图2－1所示的研究理论模型。

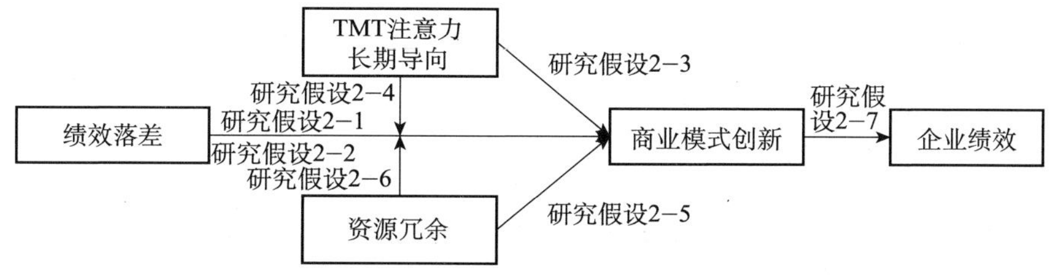

图 2－1　第 2 章研究理论模型

资料来源：笔者绘制。

2.3　研究设计

2.3.1　研究样本与研究数据

本章以中小制造企业为研究对象，采用问卷调查方法采集研究数据。为降低非观测一致性，样本选择了浙江省宁波市、嘉兴市、绍兴市、金华市和台州市等和江苏省、上海市的制造业集群内企业。在问卷编制完成后，选取了 10 家中小制造企业开展问卷试测，然后，根据试测结果修订部分问卷题项。在正式进行大规模问卷发放之前，先对企业进行了电话预调查或网络预调查，之后，选取符合绩效衰减特征的 340 家样本企业。正式大规模问卷调查，自 2018 年 5 月开始，到 2018 年 9 月结束。课题组以网络邮件、MBA 课堂、EMBA 课堂现场填写、实地调研等多种有效形式发放、回收调查问卷。问卷调查对象为企业 CEO（或总经理），或由其指定的其他具体负责企业战略或财务的高管填写。

回收问卷 287 份，问卷回收率为 84.4%，在剔除无效问卷后，最终收回有效问卷 246 份，有效问卷率为 72.4%。被访问者在企业工作的平均年限为 5.7 年，任现职的平均年限为 4.3 年，保证了被调查者掌握企业相关信息的完备性和准确性。有效样本企业特征如表 2－1 所示。企业成立时间分布在 5 年以下（41.06%）、5～10 年（32.11%）、10 年以上

(26.83%)；企业员工人数分布在50～100人（41.46%）、101～500人(33.74%)、501～1 000人（24.80%）；企业销售收入分布在300万元以下（8.94%）、300万～2 000万元（44.31%）、2 000万～4亿元(46.75%)。

表2－1　　第2章研究样本分布情况

分类	子类	数量	占比（%）	分类	子类	数量	占比（%）
成立年限	5年以下	101	41.06	员工数量	50～100人	102	41.46
	5～10年	79	32.11		101～500人	83	33.74
	10年以上	66	26.83		501～1 000人	61	24.80
销售规模	300万以下	22	8.94	所在省市	浙江	194	78.86
	300万～2 000万元	109	44.31		江苏	37	15.04
	2 000万～4亿元	115	46.75		上海	15	6.10
行业分布	食品	22	8.94	橡胶塑料		5	2.03
	纺织	37	15.04	金属制品		7	2.85
	服装	30	12.20	机械		20	8.13
	皮革	22	8.94	电子信息		27	10.98
	医药	34	13.82	其他		42	17.07

资料来源：笔者根据样本数据的SPSS统计分析结果整理绘制而得。

2.3.2　变量测量指标

为了保证变量测量指标的信度和效度，本章在设计调查问卷时尽量选用国内外学者已经采用过的相对成熟、信度和效度较高的问卷，并根据研究目标和研究内容及试测的情况进行适当调整和修订，所有问卷采用Likert七级量表进行测量。

商业模式创新测量的是企业在观测年度t_0内商业模式创新的活动水平，采用郭海和沈睿（2014）的问卷，该问卷借鉴了左特和安米特（Zott C. and R. Amit.，2008）的新颖型商业模式量表，同时，参考谢弗·S. M.和H. J. 史密斯等（Shafer S. M. and H. J. Smith et al.，2005）研究后二次开发形成，经对中国企业测量，被验证具有较好的信度和效度。总共有9个测量题项，包括“不断在商业模式中引入新的运作流程、惯例和规范”“用新颖的方式将各种合作者紧密联系在一起”“总体来说，我们的商业模式是新颖的”“采用了创新的交易方式”“为客户提供价值不断提高的产品或服务”等。

绩效落差反映企业在观测年度前一年度 t_{-1} 的绩效相较于前两年度 t_{-2} 的绩效衰减程度，采用企业自我主观报告形式测量。问卷改编自陈（Chen，2009）的企业绩效量表，通过 4 个指标反映，分别是市场份额、销售额、净利润及资产回报率。

资源冗余测量企业在观测年度 t_0 的可用资源水平，问卷参考了谭和彭（2003）编制的量表，对未吸收冗余和已吸收冗余分别进行测量，共计 8 个测量题项。其中，未吸收冗余主要指，现金留存、应收账款和债券股权等流动性强的财务资源或类财务资源；已吸收冗余主要指，固定资产、剩余产能等变现能力较低的实物资源。

高管注意力长期导向测量问卷源自王・T. 和 P. 班塞尔（Wang T. and P. Bansal，2012）的研究，测量在观测年度 t_0 企业高层管理者对企业未来长期前景的关注程度，主要从企业高层管理者的战略目标、战略资源规划、资源分配以及未来竞争优势关注 4 个方面来测量。包括 4 个题项，如“高层管理者在定义战略时，会强调长期的目标（超过 5 年）和长期战略”“企业资源配置的标准体现了公司高层的长远规划”“公司高层强调基础研究以建立未来的竞争优势”“高层在制定战略时，会关注如何建立未来的竞争优势”等。

企业绩效衡量企业在观测年度 t_0 期末的财务绩效状况，采用陈（Chen，2009）的企业绩效量表，通过市场份额、销售额、净利润以及资产回报率 4 个指标反映。由于本章的企业绩效反映的是观测年度一年的财务绩效，因此，衡量的是短期经济绩效状况。

最后，参照已有研究，企业年龄和企业规模都可能影响企业的商业模式创新活动，为此，将它们作为控制变量加以控制。其中，企业年龄以企业创始年份至今的年数来衡量，企业规模则以上年度企业平均员工数量的自然对数值来反映。

2.3.3 信度检验与效度检验

本章采用 SPSS 20.0 软件对研究变量的测量信度进行检验。检验结果如表 2-2 所示，各个变量的 Cronbach's α 均大于 0.7，说明各个变量都具有可接受的信度。同时，本章还使用 AMOS 19.0 软件对研究中涉及的核心变量进行了验证性分析，结果显示，各个变量测量题项的因子负荷均大于 0.5，表明各变量具有较好的聚合效度。此外，各变量 AVE 平方根均大于变量与其他变量的相关系数，表明本章所涉及的核心变量均具有较好的区分效度。

表 2-2　第 2 章研究变量的信度检验和效度检验

测量变量	测量题项	载荷	AVE 平方根	α 值
商业模式创新	为客户提供价值不断提高的产品或服务	0.74	0.83	0.87
	不断引入大量的、多样化的新客户	0.85		
	不断引入多样化的供应商、合作伙伴等参与者	0.79		
	用新颖的方式将各种合作者紧密联系在一起	0.87		
	采用了创新的交易方式	0.86		
	不断在商业模式中引入新的思想、方法和商品	0.87		
	不断在商业模式中引入新的运作流程、惯例和规范	0.83		
	我们是商业模式的开拓者	0.81		
	总体来说，我们的商业模式是新颖的	0.85		
绩效落差	销售额下降程度	0.87	0.84	0.83
	市场份额下降程度	0.84		
	净利润下降程度	0.78		
	资产回报率下降程度	0.85		
资源冗余	本公司有充足的财务资源应付突发的投资需求	0.93	0.86	0.87
	本公司的保留盈余足够满足开拓市场的经费需求	0.91		
	本公司的财务资源池可根据情况灵活支配	0.87		
	本公司有充裕的资源以应对环境的剧烈变化	0.89		
	本公司的设备设施常常没有满负荷运转	0.81		
	运营资源还有许多没有充分利用	0.83		
	我们的员工有时没有足够的工作做	0.79		
	我们的生产能力有剩余，还有较大的发挥余地	0.88		

续表

测量变量	测量题项	载荷	AVE 平方根	α 值
高管注意力导向	高层管理者在定义战略时，会强调长期的目标（超过 5 年）和战略	0.92	0.91	0.89
	企业资源配置的标准体现了公司高层的长远规划	0.93		
	公司高层强调基础研究以建立未来的竞争优势	0.89		
	高层在制定战略时，会关注如何建立未来的竞争优势	0.91		
经济绩效	市场份额	0.78	0.75	0.77
	销售额	0.76		
	净利润	0.80		
	资产回报率	0.63		

资料来源：笔者根据样本数据的 SPSS 统计分析结果整理而得。

2.3.4 共同方法偏差检验

由于问卷数据来源单一，可能导致共同方法偏差问题。共同方法偏差会对变量关系产生重要的影响，降低假设检验的可信度。为此，在进行变量关系分析之前，本章采用 Harman 单因子检验方法对测量数据进行了共同方法检验。采用的是主成分分析法，运用陡阶抽取因素，使用 Varimax 方法对因子参照轴进行旋转，在对包含 24 个测量项目、246 个样本的探索性因子分析后发现，KMO = 0.84，Bartllett 球体检验 Sig. = 0.00，共析出 5 个因子，解释了 77.27% 的总方差。其中，解释变异最高的因子仅仅解释了 21.73% 的总体变异，没有主导因素出现，说明共同方法偏差不显著。再通过对照性的验证性因子分析对变量之间的同源偏差进行分析检验，分析结果表明，单因子模型各拟合指标较差（$\chi^2/df = 8.45$，NFI = 0.41，IFI = 0.47，CFI = 0.46，RFI = 0.33，RMSEA = 0.12），而四因子模型拟合指标都较理想（$\chi^2/df = 3.36$，NFI = 0.88，IFI = 0.79，CFI = 0.78，RFI = 0.86，RMSEA = 0.10），验证性因子分析结果表明变量之间不存在严重的同源偏差。

2.4 实证分析结果

2.4.1 描述性统计和相关分析结果

各个核心变量的平均值、标准差及相关系数，如表2-3所示。相关分析结果显示，绩效落差、高管长期导向、未吸收冗余、已吸收冗余与商业模式创新的相关系数均显著正相关，基本符合本章理论逻辑推断，为验证研究假设提供了进一步分析的基础。

表2-3　第2章变量描述统计分析和相关分析结果

变量	均值	标准差	1	2	3	4	5	6	7
1. 公司年龄	7.37	5.79	1						
2. 企业规模	1.59	0.69	0.23**	1					
3. 绩效落差	3.88	0.83	-0.10	-0.13	1				
4. 高管长期导向	3.81	0.77	0.11	0.17*	-0.09	1			
5. 未吸收冗余	3.17	0.74	0.07	0.16*	-0.05	0.19*	1		
6. 已吸收冗余	2.93	0.84	0.02	0.15*	-0.09	0.17*	0.51**	1	
7. 商业模式创新	4.29	0.87	0.09	-0.05	0.31**	0.28**	0.27**	0.26**	1
8. 企业绩效	4.33	0.92	0.08	0.13	-0.09	-0.06	0.32**	0.19*	0.34**

注：N=246，*、**分别表示在5%、1%的显著性水平上显著。

资料来源：笔者根据样本数据的SPSS统计分析结果整理而得。

2.4.2 商业模式创新的回归分析结果

采用层次回归分析的方法对前文提出的研究假设进行统计检验。对商业模式创新进行回归，分别检验了控制变量（企业年龄、企业规模）和自变量（绩效落差、高管长期导向、未吸收冗余、已吸收冗余）的直接效应模型（模型1），纳入绩效落差平方项的非线性效应模型（模型2），以及加入高管注意力长期导向、未吸收冗余、已吸收冗余分别与绩效落差的交互项的交互效应模型（模型3），具体的回归分析结果，如表

2－4 所示。在回归分析前，先把绩效落差、高管长期导向、未吸收冗余和已吸收冗余进行了中心化处理，绩效落差的平方、绩效落差分别与高管长期导向、未吸收冗余、已吸收冗余的乘积项，均为中心化处理之后的计算值。

表 2－4　　商业模式创新的回归分析结果

变量	商业模式创新		
	模型 1（直接效应模型）	模型 2（非线性效应模型）	模型 3（交互效应模型）
控制变量			
企业年龄	0.07	0.09	0.05
企业规模	－0.05	－0.03	－0.03
直接效应			
绩效落差（研究假设 2－1）	0.29**	0.24**	0.21**
高管长期导向（研究假设 2－3）	0.27**	0.25**	0.22**
未吸收冗余（研究假设 2－5）	0.23**	0.21**	0.17*
已吸收冗余（研究假设 2－5）	0.14*	0.12*	0.09
非线性效应			
绩效落差^2（研究假设 2－2）	—	－0.12*	－0.11*
交互效应			
绩效落差×长期导向（研究假设 2－3）	—	—	0.13*
绩效落差×未吸收冗余（研究假设 2－6）	—	—	0.14*
绩效落差×已吸收冗余（研究假设 2－6）	—	—	0.07
F	19.75**	24.32**	27.13**
R^2	0.29	0.37	0.42
调整后 R^2	0.27	0.36	0.41
ΔR^2	—	0.09*	0.05*

资料来源：笔者根据样本数据的 SPSS 统计分析结果整理而得。“—”表示无数据。

在表 2－4 中，模型 1 纳入了企业年龄和企业规模在内的常规控制变量，以及绩效落差这一自变量。高管注意力长期导向和资源冗余也可能对商业模式创新具有直接效应，因此，也将这两个变量作为额外控制变量纳入回归分析模型，以更可靠地分析绩效落差对商业模式创新的影响作用。在表 2－4 中，模型 1 的回归结果表明，回归方程统计显著（$R^2 = 0.29$，$F = 19.75$，$p < 0.01$），绩效落差对企业商业模式创新产生显著的

正向影响（$\beta = 0.29$，$p < 0.01$），因此，研究假设 2－1 得到验证。结果还显示，高管注意力长期导向（$\beta = 0.27$，$p < 0.01$）、未吸收冗余（$\beta = 0.23$，$p < 0.01$）和已吸收冗余（$\beta = 0.14$，$p < 0.05$）也对商业模式创新有显著的正向影响，研究假设 2－3 和研究假设 2－5 得到验证。

为了检验绩效落差对商业模式创新的倒“U”形影响（研究假设 2－2），表 2－4 中的模型 2 在模型 1 的基础上，加入了绩效落差平方项作为自变量，回归方程统计显著（$R^2 = 0.37$，$F = 24.32$，$p < 0.01$）。对比模型 2 与模型 1 的实证结果可以看出，模型 2 的 R^2 有了显著性增加（$\Delta R^2 = 0.09$，$\Delta F = 4.57$，$p < 0.05$），绩效落差平方项的回归系数为 －0.12（$p < 0.05$），表明绩效落差对企业商业模式创新呈倒“U”形效应，因此，研究假设 2－2 得到验证。

表 2－4 中的模型 3 是在模型 2 的基础上，加入了高管注意力长期导向、未吸收冗余、已吸收冗余分别与绩效落差的交互项，回归方程统计显著（$R^2 = 0.42$，$F = 27.13$，$p < 0.01$）。对比模型 3 与模型 2 的实证分析结果可以看出，在增加了三个交互项之后，模型 3 的 R^2 有了显著性增加（$\Delta R^2 = 0.05$，$\Delta F = 2.81$，$p < 0.05$），高管注意力长期导向与绩效落差交互项的回归系数为 0.13（$p < 0.05$）。这表明，高管注意力长期导向与绩效落差显著正向交互促进了企业商业模式创新，研究假设 2－4 得到验证。

未吸收冗余与绩效落差交互项的回归系数为 0.14（$p < 0.05$），已吸收冗余与绩效落差交互项的回归系数为 0.07，但统计不显著。这表明，未吸收冗余与绩效落差显著正向交互促进了企业商业模式创新，但已吸收冗余与绩效落差对企业商业模式创新的交互影响不显著，因此，研究假设2－6 部分得到验证。

2.4.3 企业绩效的回归分析结果

最后，为了检验商业模式创新对企业绩效的影响（研究假设 2－7），将商业模式创新作为自变量，企业绩效作为因变量进行回归分析，分析结果如表 2－5 所示。在表 2－5 中，模型 7 的结果显示，回归方程统计显著（$R^2=0.29$，$F=12.64$，$p<0.01$），商业模式创新对中小制造企业绩效产生正向影响（$\beta=0.18$，$p<0.01$）。因此，研究假设 2－7 得到了验证。

表 2－5　　企业绩效的回归分析结果

变量	企业绩效	
	模型 6（直接效应模型）	模型 7（直接效应模型）
控制变量		
企业年龄	0.08	0.06
企业规模	0.12	0.09
直接效应		
商业模式创新（研究假设 2－7）	—	0.18 **
F	2.46	12.64 **
R^2	0.10	0.29
ΔR^2	—	0.18 **

注：*、** 分别表示在 5%、1% 的显著性水平上显著。“—”表示无数据。
资料来源：笔者根据样本数据的 SPSS 统计分析结果整理而得。

综合以上统计分析结果，本章研究假设的检验结果汇总，如表 2－6 所示。研究假设 2－1 ~ 研究假设 2－7 都得到了实证分析结果的支持。

表 2－6　　第 2 章研究假设检验结果

假设	内容	验证结果
研究假设 2－1	绩效落差显著促进了中小制造企业商业模式创新	支持
研究假设 2－2	绩效落差与中小制造企业商业模式创新呈倒“U”形关系	支持
研究假设 2－3	高管注意力长期导向显著促进了中小制造企业商业模式创新	支持
研究假设 2－4	高管注意力长期导向显著强化了绩效落差与中小制造企业商业模式创新之间的关系	支持
研究假设 2－5	资源冗余水平越高，绩效衰减情境下中小制造企业越可能进行商业模式创新	部分支持
研究假设 2－6	资源冗余和绩效落差显著交互影响了中小制造企业商业模式创新	部分支持
研究假设 2－7	中小制造企业商业模式创新显著提升了其企业绩效	支持

资料来源：笔者整理而得。

2.5 结论与建议

2.5.1 结论与讨论

在制造产业互联网化、智能化和绿色化发展的大趋势下，中小制造企业的转型升级离不开商业模式的创新，而商业模式创新离不开企业所处的特定情境。以往商业模式创新研究对绩效衰减等企业微观内在的情境因素关注不足，基于企业行为理论、前景理论与威胁僵化观等理论视角的推论，也存在矛盾之处。为此，本章在综合商业模式创新研究的三种经典理论视角的基础上，探索性地引入反映当前中国中小制造企业微观内在现实情境因素的绩效落差解释变量，以及刻画组织认知的企业高管注意力长期导向，和体现企业资源水平的资源冗余等变量，构建了一个整合的权变理论框架，以解释中国经济转型期，中小制造企业商业模式创新的形成机制，以246家民营制造业企业样本数据对研究框架进行了实证检验，具体得到了以下四点研究结论。

一是绩效落差对中小制造企业商业模式创新呈倒“U”形影响。绩效衰减总体上显著推动了中小制造企业商业模式的创新活动，但随着绩效衰减程度的上升，推动创新的边际效应趋弱。在某个绩效衰减的临界点之后，可能会阻碍商业模式创新，出现威胁僵化现象。该研究结论融合了以往关于绩效反馈与企业创新行为之间关系的两种截然相反的观点。正如前文所述，基于前景理论和企业行为理论的研究发现绩效衰减能促进企业创新行为，而基于威胁僵化观点的研究却得出与之相反的结论。一直以来，如何从理论上解释上述悖论，是战略决策研究领域的重要议题之一。本章融合统一了两种理论观点，清晰地揭示了前景理论和企业行为理论与威胁僵化观存在各自的理论适用边界，增进了人们对两种理论的理解：当绩效衰减程度低于某个临界点前，适用于企业行为理论和前景理论的解释；而当绩效衰减程度超出某个临界点之后，则可能会出现风险偏好反转，导致威胁僵化的特殊现象，企业行为理论和前景理论的逻辑不再适用。

二是企业高管注意力长期导向增强了中小制造企业商业模式创新，且增强效应随着绩效衰减程度的上升而得到强化。基于企业注意力基础观的研究揭示出，高层管理者的注意力模式在战略形成、公司创业中起到重要作用。奥卡西奥（1997）指出，高层管理者的注意力焦点与其所处的情境密切关联，以往研究大多关注情景特征或情境特征对高管注意力时间导向的影响，但尚未考察情境因素在高管注意力导向对企业战略行为影响机制中的调节作用。本章研究结论揭示了绩效落差作为情境变量，调节了高管注意力长期导向对中小制造企业商业模式创新活动的影响程度，贡献了关于高管注意力模式对企业战略行为影响机制的新知识。

三是企业未吸收冗余资源和已吸收冗余资源都能有效地增强中小制造企业商业模式创新，未吸收冗余资源的增强效应会随着绩效衰减程度的上升而逐渐加强。以往研究认为，资源冗余能帮助组织避免创新失败和损失、促进一系列创业型活动，如创新、风险承担和适应。本章的研究结论与以往理论预测一致：资源冗余显著地促进了企业商业模式的创新。以往研究中大多将资源冗余视为单一维度变量，但实际上资源冗余本身存在多种类型，不同类型的冗余性质上存在较大差异，其影响亦可能存在差异。本章将资源冗余区分为未吸收冗余资源和已吸收冗余资源，发现未吸收冗余资源在绩效衰减的情境下能够发挥显著的“软垫”效应，交互促进中小制造企业商业模式创新，而已吸收冗余资源的“软垫”效应则不显著，从而证实了未吸收冗余资源和已吸收冗余资源的功能差异。

四是商业模式创新显著提升了中小制造企业的后续绩效水平。与以往大量关于商业模式创新与企业绩效之间关系的结论一致，即便是在绩效衰减的情境下，中小制造企业的商业模式创新活动仍然有助于提升企业绩效表现。以往一些研究认为，商业模式创新不利于企业短期绩效表现。而本章研究中测量的企业绩效实际上是短期绩效（Visnjic et al.，

2016)，本章基于绩效衰减情境下对中小制造企业的实证研究则表明，商业模式创新对绩效衰减中小制造企业的短期绩效是有益的。其中的原因，一方面，可能是面临绩效衰减的中小制造企业的商业模式创新，其内在导向会更优先侧重于创造短期绩效，因此，对短期绩效的作用更加显著；另一方面，可能是本章对商业模式创新的测度重点在于其相对于企业自身过去商业模式的变化强度，而非强调商业模式相对于同行竞争者的新颖强度，变化强度与新颖强度两者之间的差别可能造成了与以往研究结论的差异。

2.5.2 管理启示

本章研究对管理的主要启示有：一是绩效衰减作为一种负面信号，也存在积极的作用，能够有效地促进民营制造业企业商业模式创新，起到倒逼企业转型升级的功能。二是由于存在源自各种利益相关者的绩效压力，高层管理者通常将注意力投向短期目标（Flammer C. and P. Bansal.，2017)。在绩效衰减的情境下，中小制造企业高层管理者更可能陷入短期导向战略误区，延缓企业商业模式创新，建议高层管理者在面对绩效衰减时，在解决短期危机问题的同时，也应当从长期导向配置注意力资源，把握产业竞争的长期趋势和机会，不可只见树木不见森林，错失企业战略变革的机遇。三是在当前中国民营中小企业融资难的条件下，中小制造企业在经营中应适度积累冗余资源，特别是未吸收冗余资源，在面对绩效衰减情形时，它们能起到提供缓冲空间，有效地促进商业模式的创新。

2.5.3 研究不足与研究展望

首先，本章研究样本主要集中于民营中小制造企业，研究结论可能难以轻易地推论至其他类型企业；其次，由于研究绩效衰减的取样要求较高，问卷调查采用了方便采样的方法，以及采集的是横断面回溯式数据，都可能影响研究结论的效度。最后，建议未来研究，一方面，可以改进取样方式，扩大样本类型和样本数量，采用跟踪调查方法等改进研究方法，修正本章研究结论；另一方面，可继续纳入更多研究变量，如外部环境动态性、高管团队战略决策逻辑等，还可以从其他维度测度高管团队注意力配置等，研究高管不同注意力配置模式对商业模式创新的影响。

第3章　绩效衰减情境下中小制造企业的数字化转型

3.1　研究背景与研究问题

进入21世纪以来，大数据、云计算、物联网等新一代信息技术迅猛发展，人类社会进入了第四次工业革命，各国纷纷推出工业4.0、智能制造等国家级制造业战略，特别是德国、美国、日本等发达国家，试图利用新一代信息技术巩固制造产业链、价值链高端优势地位。与此同时，印度、东南亚等国家以更低的劳动力等要素成本优势，逐渐成为中低端制造产业转移的新基地，特别是在新冠疫情后，制造业供应链地域多元化进一步加剧了制造产业转移的压力。由此，中国制造业正面临“双向挤压”与“前后夹击”的不利局面，主要分布在中低端制造产业的中小制造企业面临的冲击尤为强烈。加之，随着数字技术的快速发展和普及应用，在企业产品的生产制造、上下游资源整合、客户拓展和运维，以及企业良好形象和品牌的建立、内部资源管理和商业模式等方面产生了颠覆性影响，对中小制造企业原有的经营管理模式产生了巨大冲击。中小制造企业要在新时代、新格局、新趋势下实现高质量发展，必须逐步实现全价值链上的数字化转型与升级。

尽管中国已经成为全球第二大数字经济体，数字经济总量已超过GDP总量的30%之多，但调查数据显示，中国的企业数字化转型仅有

7%效果显著[①]，能够被称为“转型领军者”，更多的企业仍然缺乏数字化、智能化的转型意识和数字技术应用手段。国际数据公司（IDC）在其发布的《2018 中国企业数字化发展报告》中也指出，制造业历来是中国的核心产业，但在中国金融、制造、教育、零售、文娱、政府六大重点行业中，制造业的数字化水平是最低的。数据显示，中国超过 50%制造企业的数字化尚处于单点试验和局部推广阶段，中国制造业的数字化仍有巨大的提升空间，特别是中小制造企业的数字化转型仍然处于起步阶段。[②] 在这样的背景下，研究提升中小制造企业的数字化水平，提高中小制造企业的生产效率和在价值链中的地位，进而促进广大中小制造企业的转型升级，成为学术界和商业界关注与研究的热点。

制造企业的数字化转型研究，基本可以划分为三个重要阶段。第一个阶段是概念萌芽期，在 20 世纪 50 年代随着制造业数字化技术的出现，制造业数字化概念被初次提出，其中，标志性的发展是以控制为中心的数字化制造。如 1952 年美国麻省理工学院首次实现了三坐标铣床的数控化，以及随后出现的 CAD 计算机绘图设备等；第二个阶段是概念发展期，20 世纪 80 年代中期计算机集成制造系统（CIMS）及 CAD/CAM 一体化三维软件大量出现，并广泛应用到机械、航空航天、汽车、造船等领域，逐步将制造业数字化推向更加系统的高度；第三个阶段是数字工厂（digital factory）期，随着各种数字化相关技术、产品层出不穷，其对制造业的影响愈发深远，数字工厂的概念开始在部分制造企业出现。数字工厂就是真实工厂计算机化的展现，通过在计算机中建立一个与真实工厂并行的虚拟数字工厂，帮助制造企业加速推出新产品、降低成本、提高生产量。

当前，在延续数字工厂概念基础上，制造业的数字化概念已经深入第四个阶段：智能制造期，探讨将大数据、云计算、人工智能技术等应

① 埃森哲 2018 年研究报告 . https://www. accenture. com/cn-zh/insights/digital/corporate-digital-transformation-index.

② 国际数据公司（IDC）. https://dun. 163. com/news/p/63bda4de101348a3974687d3b2cd3319.

用到现代制造过程乃至重塑商业模式中。如全球著名的IT调研与咨询服务公司加特纳（Gartner）将数字化定义为使用数字技术改进或打破传统商业模式、业务流程及产品和服务的过程。① 全球领先的网络解决方案供应商思科提出“全数字化”的概念，即“企业利用信息技术推动业务模式创新、提升客户体验和运营效率，并对传统行业格局产生潜在影响”。② 原中国工程院院长周济就曾指出，制造业的数字化、智能化是新工业革命的核心，是实现中国从制造大国到制造强国跨越式发展的必经之路，其内涵包括产品创新、制造技术创新和产业模式创新三方面。③

中文文献重点探讨了制造企业数字化转型的相关概念，代表性的如，刘文广和赵建峰（2005）提出，制造企业的数字化转型就是产品设计数字化、制造过程数字化和生产管理数字化。陈红彬（2010）认为，制造企业数字化转型的核心特征为，设计数字化、制造装备数字化、生产过程数字化、管理数字化和企业数字化，扩展了数字化的内涵。总结对比国内外制造企业数字化转型的研究成果可以看出，制造企业的数字化转型就是基于人工智能、大数据、云计算等IT技术所提供的一切所需要的支持，让企业业务和信息技术产生交互，实现伴随整个价值链流程的变革，包括研发、制造、销售、服务以及产品使用期间的所有环节。

早期国内外关于制造企业数字化转型的研究都主要集中在数字化技术的应用、数字化特征等数字化转型相关概念内涵和外延的探讨上，即回答“数字化是什么”的问题，主要是概念层面的理论研究。对数字化概念及其前景取得基本共识后，人们的关注焦点开始转移到促进制造企业数字化转型方法的研究中。目前，制造企业数字化路径、模式以及决策过程、影响因素以及作用机理等问题成为研究焦点，学界主要存在

---

① Ken，McGee. Gartner：建立成功数字化商业的六大步骤［J］. 信息方略，2014（7）：26－27.

② 郝京．思科全数字化平台助推企业信息化转型［J］. 中国金融电脑，2016（12）：66－68.

③ 周济在第十届中国科协年会特邀报告上的讲话，参见周济．制造业数字化智能化［J］. 中国机械工程，2013，23（20）：2395－2400.

“规范性范式”和“描述性范式”。前者回答的核心问题是“制造企业应该如何实现数字化转型”，主要通过经验总结、展望预测等方式，提炼制造企业实现数字化转型的若干路径和模式选项，主要挑战与对策，提供最佳实践标杆，为制造企业数字化转型提供对策指引；而后者回答的核心问题则是“制造企业数字化转型的客观过程是什么”，主要通过详细的案例研究和问卷调研等事实数据资料，客观揭示制造企业数字化转型决策、过程及其影响因素和作用机制，刻画制造企业数字化转型的一般行为规律。目前，国内以“规范性范式”研究为主，而“描述性范式”研究则远远不足，因而，对中国制造企业数字化转型战略决策机制和行为规律缺乏理论上的解释。

区别于以往数字化转型研究对象主要集中于大中型制造企业，本章则主要以中小制造企业为研究对象。中小制造企业在中国的制造企业数量中占比最大，对国家 GDP 的贡献最高，对就业的带动最强，其在经济社会发展中的重要地位无可置疑，也是当前最需要推动其数字化转型的企业群体之一。中小制造企业数字化转型的研究在欧美等发达国家中已经有一定的探讨，但是中国中小制造企业数字化转型的研究一直被广为忽视。本章聚焦于中国特定背景下的中小制造企业数字化转型研究，在一定程度上补充此类研究的不足。

基于以上原因，本章将遵循描述性研究范式，采用问卷调查数据和统计分析方法，旨在客观刻画中小制造企业在面临绩效衰减情境下的数字化转型行为的一般规律。具体地，本章将回答的问题是“在绩效衰减情境下，绩效衰减程度、企业高层管理者认知和企业资源水平等因素对中小制造企业数字化转型行为有何影响以及如何影响”，主要实现三项研究目标：首先，探讨绩效衰减在何种条件下会阻碍/促进中小制造企业的数字化转型，即揭示绩效衰减对中小制造企业数字化转型影响的边界条件；其次，考察绩效衰减、企业高层管理者认知和企业资源水平三方面的权变因素如何影响中小制造企业数字化转型，即揭示上述权变因素影响中小制造企业数字化转型的内在机理；最后，在以上基础上，检验中小制造企业数字化转型行为对企业绩效的影响效果。

3.2　文献综述与研究假设

以往文献对企业数字化转型所采用的行为策略进行了总结。如柏曼（2015）提出了三种数字化变革策略：重塑客户价值定位、用数字化技术转变运营方式以及两者的混合策略（Berman，2015）。重塑客户价值定位是企业在数字化商业环境和技术支撑下，对企业提供的客户价值进行重新打造，形成某种程度上的价值创新，企业提供的产品或服务发生了变化，由此带来企业经营逻辑的变更；用数字化技术转变运营方式，虽然提供的产品或服务未发生变化，但是运用数字化技术使得生产和提供产品或服务的方式发生了变化。如通过引入在线渠道或数字供应链等，优化了企业运营效率。柏曼（2015）认为，企业数字化变革策略从路径上而言，应先利用数字化优化运营模式，针对客户价值定位开展数字化创新转型，运用数字化内容、洞察力和参与度加强、提升或重塑客户价值，接着，再次聚焦于整合数字化运营模式，并围绕如何创新客户价值和运营模式构建一系列能力。

也有文献从数字化转型内容角度，提出数字化变革策略，包括数字化技术使用策略、价值创造变革策略、结构性变革策略和财务性变革策略四个基本维度（Christian and Thomas Alexander，2015）。数字化技术使用策略定位了公司对数字技术的态度及利用数字技术的能力，价值创造变革策略涉及数字化转型对企业价值链的影响和改变，结构性变革策略是指公司组织结构的变化，而财务性变革策略包括核心业务变化及采取的财务性活动。

中文文献韦文杰（2014）则从战略行动展开角度，将数字化转型策略分为系统型、延伸型、创新型和整合型。系统型策略指，企业从顶层设计入手，有步骤、有计划且系统地对企业资源进行整合、对流程进行再造、对内部结构进行优化、对运营管理进行升级、对业务终端进行增强。通过在这些方面进行系统化、全面化的转型设计，实现数字化转型；延伸型策略是在企业原有的业务模式或运营模式基础上，通过数字化转型技术延伸业务活动。如扩大原有的业务板块，拓展原有运营模式；创新型策略区别于原有的业务模式和运营模式，将数字化转型技术作为创新手段，独立地开展创新型的业务；整合型策略是突破媒介、行业和地域之间的边界，实现企业间的强强合作，或嵌入数字化产业生态系统，实现新的发展。

可见，不同中外文文献对数字化变革策略的界定和分类有所差别和侧重，从多个维度丰富了人们对数字化变革策略的理解。由于本章旨在从企业行为角度考察绩效衰减情境下中小制造企业数字化变革策略选择的决定机制，为此，本章主要综合采用了柏曼（2015）关于数字化转型的划分方法。柏曼（2015）提出的价值创新策略（重塑客户价值定位）—运营创新策略（用数字化技术转变运营方式）二维模型为本章提供了简洁的分析框架，价值创新策略属于业务的更改和商业逻辑的重塑，是数字化技术更深层次的应用，而运营创新策略则是将数字化作为工具和媒介，是数字化技术较为浅层次的开发，两者可以有效地区分企业数字化转型程度的差异。

3.2.1　绩效衰减与中小制造企业数字化转型

企业是一个目标导向的系统，通过一些简化的规则对企业行为进行调整。根据企业行为理论，企业通过设定目标和预期来指导决策。企业绩效的好坏常常根据预期绩效水平进行评估和判断，企业实际绩效和预期绩效水平之间的差距被称为绩效偏差（Lant，1992）。绩效偏差构成企业行为决策的重要线索，学者们已广泛实证研究了绩效偏差如何影响企业不同类型的战略行为。如，研发强度（Bromiley and Washburn，2011）、新产品推广（Gaba and Joseph，2013）、风险承担（Miller and Chen，2004）、实际和预期的企业成长（Greve，2008）、企业联盟（Baum et al.，

2005）、并购（Iyer and Miller，2008）、创新（Greve，2003）、多元化战略（Palmer and Wiseman，1999）、战略变革（Lant and Hewlin，2002）、公司交易（Shimizu，2007）、资本支出（Argote and Greve，2007）及组织伦理行为（Harris and Bromiley，2007）等，以上实证研究进一步验证了绩效偏差对企业战略变革行为的显著影响。

目前，尚未有文献直接探讨绩效偏差与数字化转型战略行为之间的关系。不过，我们仍然可以基于企业行为理论、前景理论、威胁僵化观等不同的理论逻辑，以及以往相关实证研究的证据，就绩效偏差与中小制造企业数字化变革策略之间的关系展开某些推论。根据前景理论的逻辑，绩效偏差会影响企业战略决策者进行战略变革决策的风险偏好，当绩效偏差为正时，即实际绩效高于期望绩效，决策者因获得积极的绩效反馈而产生路径依赖，坚持前期建立的流程和组织惯例，避免采取可能带来变化的风险决策（Washburn and Bromiley，2012），并增强战略的连贯性和持久性。当绩效偏差为负时，即实际绩效低于期望绩效，决策者因获得负面的绩效反馈而希望尽快扭转绩效，会采取问题导向的搜寻行为，风险偏好变得更高，促使企业变革既往战略，更可能采取冒险性的战略活动。在实证方面，格瑞夫（1998，2003）分别考察了美国无线电广播行业和日本造船行业，结果发现，企业绩效低于预期水平时，企业高层管理者愿意承担更高的风险，引发问题导向的搜寻行为，促使企业采用探索式创新策略。依此推论，当中小制造企业面临绩效偏差为正时，企业倾向于维持原有的价值主张和运营模式，正的绩效偏差程度越大，企业越缺乏数字化转型的动力，因此，在数字化转型的价值转型和运营转型两维度上的活动水平越低；当中小制造企业面临的绩效偏差为负时，企业倾向于寻求扭转绩效不佳状态，将更积极地推动战略变革，数字化转型动力更强，数字化转型程度更强，在数字化转型的价值转型和运营转型两维度上活动水平越高。基于以上推论，本章提出研究假设 3 - 1。

研究假设 3 - 1：绩效落差对中小制造企业数字化转型有显著正向效应。

3.2.2　资源冗余与中小制造企业数字化转型

作为企业资源水平的反映，资源冗余可使组织的注意力从防止陷入困境（救火）转移到扩张性战略和具有风险性、创新性、高回报的创业活动上（Nohria and Gulati，1996）。实证研究发现，资源冗余能促进组织对突破性产品创新的投入，并帮助组织避免创新失败和损失，保护组织资源（O'Brien，2003）。资源冗余能促进一系列探索活动，如创新（Nohria and Gulati，1996）、风险承担（Singh，1986）和适应（Kraatz and Zajac，2001）。因此，高资源冗余水平促使组织采纳更活跃的探索行为，在研究中需要控制资源冗余对战略选择的直接效应。

由于数字化转型需要企业资源的持续投入，资源匮乏的中小制造企业难以实施数字化转型，而资源充沛的中小制造企业才具有数字化转型的基础条件，因此，资源冗余能够促进中小制造企业的数字化转型活动。此外，依照资源冗余能促进企业探索性创新的逻辑，资源冗余应该也能显著地促进中小制造企业数字化变革策略中的价值转型。格瑞夫（1998，2003）研究发现，企业的资源冗余同样会引发冗余资源导向的搜寻行为，进而增强企业的创新变革活动。因此，本章提出研究假设3-2。

研究假设3-2：资源冗余对中小制造企业数字化转型有显著正向效应。

在以往研究中，组织资源（资源冗余）除了作为直接影响变量，也被认为是最关键的调节变量（Voss et al.，2008）。企业高管可将资源冗余用于企业危机时期的稳定工具和适应工具（Cyert and March，1992），作为软垫（cushion）任意配置应对威胁（Bourgeios，1981）。在面对负向绩效偏差时，拥有充分资源冗余的企业在进行战略决策时，可考虑通过将资源冗余投入核心业务中，促进或避免主要战略调整（Thompson，1967）。相反的，缺乏资源冗余的企业拥有的决策选项较少（Chattopadhyay et al.，2001）。欧迪亚和格瑞夫（2006）研究发现，企业规模的差异会显著调节绩效偏差与企业战略决策的风险承担水平，其内在的理论逻辑是，规模大的企业拥有充裕的资源以缓冲变革失败的危险。因此，大企业在面临绩效低于预期水平时，会加大风险承担行为，而规模小的企业拥有的资源有限，决策者会减少风险承担行为，由此间接地检验了资源冗余在绩效偏差与战略变革决策之间的调节效应。为了直接检验中小制造企业资源冗余与数字化转型行为之间的关系，基于以上逻辑预期，资源冗余在绩效偏差与中小制造企业数字化转型之间起到显著调节作用，本章提出研究假设 3－3。

研究假设 3－3：资源冗余与绩效落差交互影响了中小制造企业数字化转型。

3.2.3 企业高管认知与中小制造企业数字化转型

预期结果与实际情况的差异程度构成了风险。风险承担最初主要是指，个体的风险倾向，随着研究的深入而逐渐从个体向组织层面拓展。博米丽（1991）提出，企业风险实质上是收益流的不确定性。风险对于企业而言是“双刃剑”，机遇与威胁并存，风险承担能够体现企业为获取高额利润而愿意付出不确定性代价的倾向（Lumpkin and Dess，1996）。杨建君（2009）认为，风险承担水平决定了企业是否创新以及通过何种方式创新，风险承担水平越高的企业创新活跃度越高（Hlilary and Hui，2009）。数字化转型的成败并非确定，数字化转型程度越高，通常意味着企业所需承担的风险也大。可以推论，风险承担水平对于数字化转型十分重要，风险承担程度越高，越倾向于选择风险相对较高的数字化转型战略。

既有研究表明，高层管理者的风险承担水平受到多层次因素的影响。前景理论认为，相比于“得”的框架，“失”的框架下决策者更愿意承担风险，出现了“风险偏好反转”现象。企业行为理论蕴含了同样的逻辑，相比于企业绩效偏差为正，当企业面临绩效偏差为负时，更能促使企业开始问题搜索，打破固有惯例，采取更具冒险性的变革创新活动。基于以上推论，本章提出研究假设 3－4。

研究假设 3－4：风险承担在绩效落差与中小制造企业数字化转型之间起中介作用。

3.2.4　中小制造企业数字化转型与企业绩效

随着企业数字化转型的深入，数字技术深度应用到管理、销售和生产活动的方方面面，数字化程度对企业绩效也呈现了多方位的影响。在销售方面，数字技术通过缩短企业与消费者间的距离、简化管理层的决策流程、减少生产的不确定性，以及推动企业商业模式的创新等，有助于提升企业绩效；在生产活动中，数字技术能够优化企业生产环节的精细化管理、实现生产活动资源配置优化，减少生产浪费、降低人工成本和制造费用；在管理活动中，数字技术会加速信息的内部传递、优化内部协同效率、简化内部工作流程等，从而提升企业管理效率。随着销售、生产和管理等层面数字化程度的加深，企业绩效也将逐渐提高。基于此，本章提出研究假设 3 –5。

研究假设 3 –5：中小制造企业数字化转型显著促进了企业绩效。

综合以上论述，本章提出如图 3 –1 所示的理论研究模型。

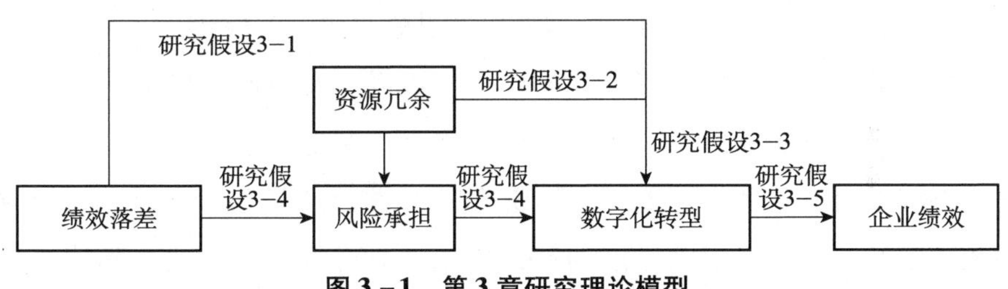

图 3 –1　第 3 章研究理论模型

资料来源：笔者绘制。

3.3　研究设计

3.3.1　问卷设计过程

由于数字化转型问题是近年来才兴起的研究课题，学术界和实践界尚未建立与之相关的专门数据资料库，很难找到可用来验证相关研究假设的与之相关的二手数据。尽管通过上市公司公开报表等可以搜集整理到数字化转型的相关数据资料，但这些数据资料与本章将要检验的变量数据难以匹配，本章所涉及的中小制造企业高管认知变量也难以通过客观的统计数据予以刻画，按照以往研究的通行方法是采用李克特量表法采集数据。特别是，本章研究聚焦于中小制造企业，而上市公司样本难以作为中小制造企业的样本代表。为此，本章研究采用问卷调查实证研究方法，从中小制造企业中选取代表性样本收集数据检验研究假设。

为了提高问卷设计质量，保证研究的科学性和研究结论的可靠性，本章在问卷设计上遵循了以下步骤和方法：首先，本章尽可能借鉴了以往被验证过的已有量表。已有量表通常具有较高的信度和效度，且易于被学界接受和认可（陈晓萍，2008），因此，笔者查阅了大量有关期望绩效衰减、数字化转型、资源冗余、风险承担等主题的研究论文，结合本书中小制造企业的特点，借鉴受到学界广泛认可的测量量表，初步设计了预研问卷题项；其次，通过征求专家意见修订进一步完善。

由于借鉴已有问卷可能存在文化上、语言上和时间上的局限性，一些量表的题项可能并不适合于国内企业或中小制造企业的实际情况。加之，外国量表在翻译后可能存在语义和理解方面的偏差。为此，我们邀请相关领域专家进行表面效度的审订修正，对可能存在的语义不清、是否符合中国情境、是否符合中小制造企业特点等问题进行了修正；最后，在大规模问卷发放之前，我们在杭州市选取了30余家中小制造企业进行了小范围预调研，结合调研反馈的情况，对问卷的语言表达、排版等再次进行了修改，形成本章的最终问卷。

3.3.2 变量测量指标

根据本章提出的研究框架、概念模型和理论假设，本章涉及的变量包括绩效落差、资源冗余、风险承担、数字化转型、企业绩效等变量。

以上变量均采用主观感知的测量方法，运用李克特七点量表法进行设计，其中，“1”代表非常不符合，“7”表示非常符合，“4”表示不确定。

由于以往研究中缺乏对数字化转型的测量工具，因此，数字化转型采用自编问卷测量。数字化转型反映观测年度 t_0 企业在战略、研发、采购、制造、供应链、营销和组织管理七方面的数字化技术应用变化程度，包括价值创新策略和运营创新策略两个维度，共计八个题项。价值创新策略包括“将数字化融入企业战略”“将数字化融入新产品”“借助于数字化研发产品”“运用数字化技术营销和销售”四个题项，运营创新策略则包括“运用数字化平台采购”“导入数字化技术到生产制造过程中”“运用数字化供应链协作平台改进企业内外部信息流、物流和资金流”“运用数字化技术改善企业内部管理”四个题项。

绩效落差反映企业在观测年度前一年度 t_{-1} 的绩效相较于前两年度 t_{-2} 的绩效偏离程度，采用企业自我主观报告形式测量。根据绩效反馈的不同来源，主要存在两种不同的绩效落差：历史偏差和社会偏差。前者指，实际绩效与企业自身历史绩效之间的对比；后者指，实际绩效与所在行业/竞争者的差距。企业通常使用两类绩效预期水平作为制定战略决策的参考基准（Harris and Bromiley，2007），本章测量的是历史绩效落差。问卷改编自陈（2009）的企业绩效量表，通过市场份额、销售额、净利润及资产回报率四个指标反映。

资源冗余参考了谭和彭（2003）编制的量表，对企业在观测年度 t_0 的未吸收冗余和已吸收冗余分别进行测量，共八个题项。其中，未吸收冗余主要指，现金留存、应收账款和债券股权等流动性强的财务资源或类财务资源；已吸收冗余主要指，固定资产、剩余产能等变现能力较低的实物资源。

风险承担衡量企业高层管理者在观测年度 t_0 对企业经营管理决策的风险倾向性，参考科文（1988）编制的量表，共三个题项，分别为：“企业管理团队更偏好可能获得高回报的高风险项目”“面对不确定性时企业高管倾向于采取积极行动来抓住机会”“企业高管倾向于采取大胆而迅速的行动而实现营收目标。”

企业绩效衡量企业在观测年度 t_0 期末的财务绩效状况。采用陈（Chen，2009）的企业绩效量表，通过市场份额、销售额、净利润及资产回报率 4 个指标反映。由于本章的企业绩效反映的是观测年度一年的财务绩效，因此，衡量的是短期经济绩效状况。

最后，参照已有研究，企业年龄和企业规模都可能影响企业的数字化转型活动，为此将它们作为控制变量加以控制。其中，企业年龄以企业创始年份至今的年数来衡量，企业规模则以上年度企业平均员工数量的自然对数值来反映。

3.3.3 数据采集过程及样本特征

选取的样本企业在区域上主要分布在长三角地区。参照国家工信部等多部委联合发布的《中小企业划型标准规定（2011）》中制造业所属的工业企业标准选取中小制造企业样本，具体标准如下：从业人员 1 000 人以下或营业收入 40 000 万元以下的企业。其中，从业人员 300 人及以上，且营业收入 2 000 万元及以上的为中型企业；从业人员 20 人及以上，且营业收入 300 万元及以上的为小型企业；从业人员 20 人以下或营业收入 300 万元以下的为微型企业。

问卷发放的主要方式有：利用个人和研究团队实地调查经济开发区等地中小制造企业；利用我校 MBA 学员、工程硕士学员以及校友企业进行发放；通过老师、亲朋好友等私人关系，利用在线问卷调研平台电子版问卷调查。

问卷调研工作自 2018 年 3 月起，至 2018 年 6 月完成，历时 3 个月。累计发放问卷 435 份，收回问卷 327 份，回收率为 75.2%。删除填写不完整和有明显矛盾、有歧义或重复的无效问卷后，获得有效问卷 296 份，有效率为 68.0%。对于企业的数字化转型和绩效情况，企业法人或企业的管理层人员比普通员工的信息更加准确，因此，调查问卷内容尽量由被调查传统制造企业的中高级管理层人员填写。样本分布情况，见表 3－1。

表 3 -1　　第 3 章企业样本情况统计分析

分类	子类	数量	百分比（%）	分类	子类	数量	百分比（%）
成立年限	5 年以下	50	16.89	员工数量	50 ~100 人	62	20.95
	5 ~10 年	101	34.12		101 ~500 人	154	52.03
	10 年以上	145	48.99		501 ~1 000 人	80	27.03
销售规模	300 万元以下	11	3.72	所在省市	浙江	245	82.77
	300 万 ~2 000 万元	175	59.12		江苏	24	8.11
	2 000 万 ~4 亿元	110	37.16		上海	27	9.12
行业分布	食品	24	8.11	橡胶塑料		12	4.05
	纺织	41	13.85	金属制品		18	6.08
	服装	33	11.15	机械		38	12.84
	皮革	27	9.12	电子信息		33	11.15
	医药	21	7.09	其他		49	16.55

资料来源：笔者根据样本数据的 SPSS 统计分析结果整理而得。

3.3.4　测量模型检验

（1）信度检验和效度检验。采用 SPSS 20.0 对研究变量的测量信度进行检验。检验结果如表 3 -2 所示，各个变量的 Cronbach's α 均大于 0.70，说明各个变量都具有可接受的信度。同时，使用 AMOS 19.0 软件对研究中涉及的核心变量进行验证性分析，结果显示，各个变量测量题项的因子负荷均大于 0.5，表明各变量具有较好的聚合效度。此外，各变量 AVE 平方根均大于该变量与其他变量的相关系数，这表明，本章涉及的核心变量均具有较好的区分效度。

表 3 -2　　第 3 章变量的信度检验和效度检验

测量变量	测量题项	载荷	AVE 平方根	α 值
数字化转型	将数字化融入企业战略	0.779	0.747	0.701
	将数字化融入新产品	0.795		
	借助数字化研发产品	0.652		
	运用数字化平台采购	0.793		
	导入数字化技术到生产制造过程中	0.784		
	运用数字化供应链协作平台改进企业内外部信息流、物流和资金流	0.685		
	运用数字化技术营销和销售	0.750		
	运用数字化技术改善企业内部管理	0.724		

续表

测量变量	测量题项	载荷	AVE 平方根	α 值
绩效落差	销售额下降程度	0. 789	0. 799	0. 754
	市场份额下降程度	0. 828		
	净利润下降程度	0. 731		
	资产回报率下降程度	0. 841		
资源冗余	本公司有充足的财务资源应付突发的投资需求	0. 807	0. 824	0. 757
	本公司的保留盈余足够满足开拓市场的经费需求	0. 845		
	公司的财务资源池可根据情况灵活支配	0. 833		
	本公司有充裕的资源以应对环境的剧烈变化	0. 848		
	公司的设备设施常常没有满负荷运转	0. 841		
	运营资源还有许多没有充分利用	0. 835		
	我们的员工有时没有足够的工作做	0. 725		
	我们的生产能力有剩余，还有较大的发挥余地	0. 854		
风险承担	企业管理团队更偏好可能获得高回报的高风险项目	0. 835	0. 811	0. 781
	面对不确定性时企业高管倾向于采取积极行动来抓住机会	0. 759		
	企业高管倾向于采取大胆而迅速的行动而实现营收目标	0. 837		
企业绩效	市场份额	0. 809	0. 830	0. 733
	销售额	0. 858		
	净利润	0. 906		
	资产回报率	0. 736		

资料来源：笔者根据样本数据的 SPSS 统计分析结果整理而得。

（2）共同方法偏差检验。在测量中问卷都采用主观量表测量，可能难以将共同方法偏差控制在可接受的范围之内。共同方法偏差对变量关系产生重要影响，降低假设检验的可信度，为此，在进行变量关系分析之前，采用 Harman 单因子检验方法对测量数据进行了共同方法检验。采用主成分分析法，运用陡阶抽取因素，使用 Varimax 方法对因子参照轴进行旋转，在对包含 37 个测量项目数据的探索性因子分析后发现，KMO = 0. 83，Bartllett 球体检验 Sig. =0. 00，共析出 7 个因子，解释了 74. 37% 的总方差。解释变异最高的因子仅仅解释了 12. 38% 的总体变异，解释变异最低的因子解释了 4. 16% 的总体变异，没有主导因素出现，说明共同方法偏差不显著。

再通过对照性的验证性因子分析对变量之间的同源偏差进行分析检验，分析结果表明，单因子模型各拟合指标较差（χ^2/df = 7.56，NFI = 0.41，IFI = 0.43，CFI = 0.45，RFI = 0.34，RMSEA = 0.18），而七因子模型拟合指标都较理想（χ^2/df = 3.54，NFI = 0.86，IFI = 0.78，CFI = 0.79，RFI = 0.83，RMSEA = 0.10），验证性因子分析结果表明变量之间不存在严重的同源偏差。

3.4　实证分析结果

3.4.1　描述性统计和相关分析结果

本章的研究假设涉及的各核心变量的平均值、标准差及相关系数，见表 3-3。相关分析结果显示，数字化转型与绩效落差、资源冗余、管理者风险承担、企业绩效的相关系数均显著正相关。

表 3-3　第 3 章变量描述统计分析和相关分析结果

变量	均值	标准差	1	2	3	4	5	6	7
1. 公司年龄	9.55	5.97	1.00						
2. 企业规模	2.06	0.69	0.19**	1.00					
3. 绩效落差	4.49	0.89	-0.11	-0.14	1.00				
4. 管理者风险承担	4.54	0.79	0.15	0.14*	0.27**	1.00			
5. 未吸收冗余	4.67	0.97	0.09	0.17*	0.11	0.21**	1.00		
6. 已吸收冗余	4.52	0.94	0.07	0.16*	0.09	0.18*	0.31**	1.00	
7. 数字化转型	4.17	0.93	0.12	0.09	0.19**	0.37**	0.25**	0.20**	1.00
8. 企业绩效	4.62	0.95	0.17*	-0.18**	0.21**	0.23**	0.31**	0.27**	0.33**

注：*、** 分别表示在 5%、1% 的显著性水平上显著。

资料来源：笔者根据样本数据的 SPSS 统计分析结果整理而得。

3.4.2　数字化转型回归分析结果

采用层次回归分析法对本章所提假设进行统计检验。先对数字化转型进行回归分析，分别检验了直接效应模型（表3－4的模型1）、交互效应模型（模型2）和中介效应模型（模型3），具体结果见表3－4。在回归分析前，对绩效落差、未吸收冗余资源和已吸收冗余资源进行了中心化处理，绩效落差分别与未吸收冗余资源、已吸收冗余资源的乘积项均为中心化处理之后的计算值。

表3－4　数字化转型的回归分析结果

变量	数字化转型		
	模型1（直接效应模型）	模型2（交互效应模型）	模型3（中介效应模型）
控制变量			
企业年龄	0.04	0.03	0.04
企业规模	0.14	0.08	0.09
直接效应			
绩效落差（研究假设3－1）	0.19**	0.17*	0.13
未吸收冗余资源（研究假设3－2）	0.29**	0.23**	0.19**
已吸收冗余资源（研究假设3－2）	0.21**	0.15	0.11
交互效应			
绩效落差×未吸收冗余资源（研究假设3－3）	—	0.17*	0.16*
绩效落差×已吸收冗余资源（研究假设3－3）	—	0.07	0.05
中介效应			
风险承担（研究假设3－4）			0.27**
F	10.37**	12.42**	14.53**
R^2	0.26	0.31	0.37
ΔR^2	—	0.05**	0.06**

注：*、** 分别表示在5%、1%的显著性水平上显著。“—”表示无数据。
资料来源：笔者根据样本数据的SPSS统计分析结果整理而得。

在表3－4中，模型1纳入了企业年龄和企业规模在内的常规控制变量，以及绩效落差、已吸收冗余资源、未吸收冗余资源等自变量。模型1的回归结果表明，回归方程统计显著（$R^2=0.26$，$F=10.37$，$p<0.01$），绩效落差对中小制造企业数字化转型产生显著的正向影响（$\beta=0.19$，$p<0.01$），因此，研究假设3－1得到验证。结果显示，未吸收冗余资源（$\beta=0.29$，$p<0.01$）和已吸收冗余资源（$\beta=0.21$，$p<0.01$）对中小制造企业数字化转型也有显著正向影响，研究假设3－2也得到验证。

为了检验资源冗余与绩效落差对数字化转型的交互效应（研究假设3－

3)，在表3－4中，模型2在模型1的基础上，加入了未吸收冗余资源、已吸收冗余资源分别与绩效落差的交互项，回归方程统计显著（$R^2=0.31$，$F=12.42$，$p<0.01$）。对比模型2与模型1的实证分析结果可以看出，在增加了两个交互项之后，模型2的R^2有了显著性增加（$\Delta R^2=0.05$，$\Delta F=2.05$，$p<0.01$）。

未吸收冗余资源与绩效落差交互项的回归系数为0.17（$p<0.05$），表明未吸收冗余资源与绩效落差显著正向交互影响了中小制造企业的数字化转型，已吸收冗余资源与绩效落差交互项的回归系数为0.07，但统计结果不显著。这表明，已吸收冗余资源与绩效落差对中小制造企业数字化转型的交互作用不显著，研究假设3－3得到部分验证。

按照温忠麟（2005）推荐的方法，初步检验风险承担在绩效落差与数字化转型之间的中介效应（研究假设3－4），在表3－4中，模型3是在模型2的基础上，加入了风险承担作为自变量，回归方程统计显著（$R^2=0.37$，$F=14.53$，$p<0.01$）。对比模型3与模型2的实证分析结果可以看出，在增加了风险承担作为自变量之后，模型3的R^2有了显著性的增加（$\Delta R^2=0.06$，$\Delta F=2.11$，$p<0.01$）。

在表3－4中，模型3的回归结果表明，绩效落差对中小制造企业数字化转型产生正向影响（$\beta=0.13$），但显著性变得不显著；未吸收冗余资源对中小制造企业数字化转型产生正向影响（$\beta=0.19$，$p<0.01$），已吸收冗余资源对中小制造企业数字化转型产生正向影响（$\beta=0.11$），但显著性变得不显著；未吸收冗余资源与绩效落差交互项的回归系数为0.16（$p<0.05$），风险承担对中小制造企业数字化转型产生正向影响（$\beta=0.27$，$p<0.01$）。

3.4.3　风险承担的回归分析结果

为了完整检验风险承担在绩效落差与数字化转型之间的中介效应（研究假设3－4），将绩效落差作为自变量，风险承担作为因变量进行回归分析，分析结果如表3－5所示。在表3－5中，模型5的结果显示，回归方程统计显著（$R^2=0.36$，$F=12.13$，$p<0.01$），绩效落差对中小制造企业高管风险承担产生正向影响（$\beta=0.19$，$p<0.01$）。综合以上回归分析结果，研究假设3－4得到验证。

表3－5　　风险承担的回归分析结果

变量	风险承担	
	模型4（直接效应模型）	模型5（交互效应模型）
控制变量		
企业年龄	0.05	0.04
企业规模	0.07	0.06
直接效应		
绩效落差（研究假设3－4）		0.19**
F	2.03	12.13**
R^2	0.09	0.36
ΔR^2	—	0.27**

注：*、**分别表示在5%、1%的显著性水平上显著。"—"表示无数据。

资料来源：笔者根据样本数据的SPSS统计分析结果整理而得。

3.4.4　企业绩效的回归分析结果

为了检验数字化转型对中小制造企业后续绩效的影响（研究假设3－5），将数字化转型作为自变量，企业绩效作为因变量进行回归分析，分析结果如表3－6所示。在表3－6中，模型7结果显示，回归方程统计显著（$R^2=0.39$，$F=13.73$，$p<0.01$），数字化转型对中小制造企业绩效产生正向影响（$\beta=0.28$，$p<0.01$）。综合以上回归分析结果，研究假设3－5得到验证。

表3－6　　企业绩效的回归分析结果

变量	企业绩效	
	模型6（直接效应模型）	模型7（直接效应模型）
控制变量		
企业年龄	0.09	0.07

续表

变量	企业绩效	
	模型 6 (直接效应模型)	模型 7 (直接效应模型)
企业规模	0.13	0.11
直接效应		
数字化转型（研究假设 3－5）	—	0.28 **
F	2.56	13.73 **
R^2	0.11	0.39
ΔR^2	—	0.28 **

注：*、** 分别表示在 5%、1% 的显著性水平上显著。“—” 表示无数据。
资料来源：笔者根据样本数据的 SPSS 统计分析结果整理而得。

综合以上统计分析结果，本章研究假设的检验结果汇总，见表 3－7。研究假设 3－1、研究假设 3－2、研究假设 3－4、研究假设 3－5 都得到了实证分析结果的支持，而研究假设 3－3 得到了实证分析结果的部分支持。

表 3－7　　第 3 章研究假设检验结果

假设	内容	验证结果
研究假设 3－1	绩效落差对中小制造企业数字化转型有显著正向效应	支持
研究假设 3－2	资源冗余对中小制造企业数字化转型有显著正向效应	支持
研究假设 3－3	资源冗余与绩效落差交互影响了中小制造企业数字化转型	部分支持
研究假设 3－4	风险承担在绩效落差与中小制造企业数字化转型之间起中介作用	支持
研究假设 3－5	中小制造企业数字化转型显著促进了企业绩效	支持

资料来源：笔者整理而得。

3.5　结论与建议

3.5.1　结论与讨论

制造企业的数字化和智能化，是未来制造产业必然的发展趋势。既往研究多基于“规范性范式”探讨制造企业数字化转型，且多以大中型制造企业为研究对象，对中小制造企业的数字化转型行为规律研究不足。本章基于“描述性范式”，研究了在面对绩效衰减和资源局限的双重约束下，中小制造企业的数字化转型行为特征，弥补了已有研究的不足。通过296份长三角地区中小制造企业样本问卷调查数据，本章具体考察了绩效落差、资源冗余、管理者风险承担和数字化转型以及企业绩效之间的关系，得出了如下四点主要研究结论。

首先，绩效衰减显著促进了中小制造企业的数字化转型。与以往基于企业行为理论和前景理论的研究结论一致，绩效衰减能导致中小制造企业的问题搜索导向或风险偏好反转，采取更加冒险性的举措，进而增强其数字化转型，从而验证了企业行为理论和前景理论的理论逻辑依然有效，而威胁僵化理论的理论逻辑在此未能得到验证。正如第2章研究显示的，绩效衰减对创新变革行为可能有倒“U”形影响，此次受调查的中小制造企业的绩效衰减也未达到影响效应反转的临界点，因此，未能验证威胁僵化现象。

其次，资源冗余显著促进了中小制造企业的数字化转型，并强化了绩效衰减对数字化转型的促进作用。与理论假设推导一致，资源冗余作为企业资源水平的代表变量，能够促进企业的变革创新活动，增强中小制造企业的数字化转型。因为数字化转型需要资源的持续投入，只有拥有足够资源条件的企业才可能实施数字化转型。此外，在面临绩效衰减的逆境时，资源冗余也能发挥稳定和适应工具的功能，强化绩效衰减导致的风险偏好反转效应，进而增强绩效衰减对数字化转型的推动作用。这是因为拥有更高水平资源冗余的中小制造企业，在面临绩效衰减的不利局面时，数字化转型的战略选项更多，实施数字化转型所需具备的资源条件也更充足；换个角度来讲，拥有相同水平资源冗余的中小制造企业，其绩效衰减程度越深（在未达到威胁僵化程度之前），也会越倾向于将更多资源冗余配置到更具冒险性的数字化转型活动中。

再次，高层管理者的风险承担，在绩效落差与中小制造企业数字化转型之间起中介作用。与前景理论的逻辑推导一致，在绩效衰减这一损失的框架下，中小制造企业高管出现了风险偏好反转效应，企业变得更愿意承担风险，进而更愿意采取更具风险性的数字化转型战略，风险承担在绩效衰减与中小制造企业数字化转型之间起到部分中介作用，验证了前景理论的逻辑在一般性绩效衰减情形下对中小制造企业数字化转型行为的解释力。需要特别说明的是，正如第2章所论述，该解释力适用于绩效衰减尚未危及企业生存的一般情形，而当绩效衰减严重到企业高层管理者感到已威胁企业生存的程度时，企业的风险偏好可能会再次反转，变得保守/风险回避，从而阻碍中小制造企业采取更具冒险性的数字化转型战略，出现威胁僵化的现象。值得关注的是，风险承担在绩效衰减与中小制造企业数字化转型之间并未起到完全中介作用，说明绩效衰减对企业数字化转型还存在其他影响路径，有待探索。

最后，数字化转型显著促进了中小制造企业绩效。随着数字技术在产业应用中不断深入，应用成熟度不断提高，其对企业绩效的贡献愈加得以发挥。以往研究认为，由于数字化转型能够在产品研发、生产、销售、供应链和企业内部管理等多方面有效地帮助中小制造企业降本增效，挖掘已有市场潜力及进入新市场的机会，改进组织管理效能，进而提升企业整体运营效率，提高企业绩效。即使在绩效衰减的情形下，数字化转型对中小制造企业的绩效提升效果也很显著，进一步验证了在数字经济蓬勃发展、制造产业日益数字化的大背景下，中小制造企业的数字化转型对提升企业绩效的重要性。

3.5.2　管理启示

本章对于中小制造企业管理研究的主要启示有以下三点。

首先，绩效衰减能激发中小制造企业数字化转型，即“危机倒逼转型升级”的逻辑是真实成立的，而且，数字化转型对提升中小制造企业的业绩表现具有积极价值。因此，一方面，尽管当前众多中小企业绩效下滑带来经营困境，但也应当看到企业绩效下滑倒逼企业变革的积极效应，紧紧抓住危机背后的转机，顺应趋势，引导、鼓励中小制造企业加大、加快数字化转型；另一方面，应当加强研究总结中小制造企业数字化转型的路径、方法和成功案例，宣传数字化转型后成功逆袭的中小制造企业标杆和榜样，为广大中小制造企业提供参考。

其次，在绩效衰减情形下，中小制造企业高层管理者更愿意承担风险，进而推动企业数字化转型。高层管理者的风险承担意愿在绩效衰减与中小制造企业数字化转型之间起到中介作用，体现了高层管理者认知对中小制造企业数字化转型的关键作用。因此，一方面，要继续在中小制造企业家中宣扬企业家的冒险精神，弘扬改革创新的担当精神；另一方面，要让企业家和高管们看到绩效下滑背后的转机与责任，以及数字化转型不及时即将面临的更大风险、危机，进而通过影响企业家和高管团队的风险认知，推动制造企业的数字化转型升级。

最后，研究表明，企业的资源水平作为数字化转型的基础条件，不仅能直接影响数字化转型，而且，能够强化绩效衰减与数字化转型之间的关系。可见，资源水平是推动中小制造企业在绩效衰减时积极投入数字化转型的关键要素，而资源匮乏是中国中小制造企业面临的普遍难题，可以采取财政支持、税收优惠、扩大融资等政策举措，即使是企业在面临业绩下滑的情况下，仍然需要进一步增强政策支持力度，提高中小制造企业资源水平，以进一步推动中小制造企业的数字化转型。

3.5.3 研究不足与未来展望

既有基于描述性范式对中小制造企业的数字化转型行为研究较少，本章运用基于企业问卷调查数据进行实证定量分析，检验 CPE-C-T 理论模型和相关研究假设，刻画了绩效衰减制造企业数字化转型行为的特征和一般规律。但由于研究设计、研究视角和研究能力的局限，使得本章仍存在以下不足，有待进一步完善。

首先，由于研究数字化转型的实证文献较少，目前，尚未有直接测量数字化转型的量表。本章基于既有文献和企业访谈自编了测量问卷，尽管该问卷遵循了严格问卷编制程序，并通过了信度检验和效度检验，但毕竟未经过重复研究的进一步验证，因此，未来有必要对该问卷进行进一步的测量信度检验和效度检验，根据验证结果对该量表进行修订。

其次，本章主要采用方便取样，采集的是横断面回溯式数据，基于该数据的研究结论需要进一步检验。从区域上，本章研究样本主要分布在以浙江省为主的“长三角”地区，且全部为民营中小制造企业，研究结论可能难以轻易地推广至其他地区或其他类型的制造企业，未来将研究样本扩展至全国，增加样本量，并尽量采用跟踪式、成组配对问卷调查，提高问卷调查数据的质量。此外，还可对研究样本进一步细分比较分析，对比不同地区、不同所有权性质、不同行业以及不同规模的制造企业在绩效衰减情境下的数字化转型行为。

最后，限于研究目的，本章研究框架纳入的绩效衰减情境下中小制造企业数字化转型的影响变量相对有限，CPE-C-P 理论模型还有待进一步拓展和深化，未来可纳入更多研究变量，如行业、区域、规模等控制变量，以及外部环境动态性、高管团队战略决策逻辑等，以及其他维度测度高管团队注意力配置等，研究高管不同注意力配置模式对数字化创新的影响。

第4章　绩效衰减情境下中小制造企业的绿色创新

4.1　研究背景与研究问题

制造业作为实体经济的主体，是推动经济发展、提高人民生活水平、参与国际竞争的基础。但随着中国经济发展步入新常态，制造业发展面临经济增速放缓、国内外需求不足、产能过剩、生态环境承载力接近上限等众多问题和挑战。从总体上看，目前中国制造业仍维持着“高投入、高消耗、高污染、低效益”的“三高一低”粗放式发展，资源过度消耗、利用效率低、污染物排放居高不下，由此导致的重金属超标等土地污染、水污染和空气污染等环境问题已成为威胁社会公众安全的主要问题，制造业是否具有“绿色基因”对整个国民经济的持续发展意义重大。

习近平总书记在多次报告中强调“绿水青山就是金山银山”的发展理念，[①] 中共十九大提出“五位一体”总体布局，[②] 提出要建设美丽中国，首次将生态文明建设提到了国家发展战略高度。因此，必须补齐制造业在国家经济建设与生态文明建设协调发展中的短板，通过改善产品供给结构、革新生产技术、提高产品质量和引进或研发节能环保技术，

---

① 习近平．绿水青山就是金山银山．http://cpc.people.com.cn/GB/67481/412700/.

② 人民日报评论员：统筹推进新时代“五位一体”总体布局——六论学习贯彻党的十九大精神．http://www.xinhuanet.com/2017-11/02/c_1121897858.htm.

推动制造业的绿色转型升级。在此战略发展背景下，增进企业层面的绿色创新是推动传统制造业转型升级、实现可持续发展的必经之路，绿色发展也成为制造企业自身实现可持续发展的必然选择。

绿色创新已成为国内外制造企业战略变革研究的重要领域，历经 30 余年的发展，在绿色创新的概念、影响因素及其作用机理等方面取得了一系列研究成果。首先，在绿色创新的概念及内涵方面，自布朗等（Brown et al.，1994）最先提出之后，绿色创新的相近概念不断涌现，尽管至今关于绿色创新的界定并没有一致认可的定义，但人们对其内涵的理解已大大丰富。总结前人研究，绿色创新主要包括绿色产品创新和绿色工艺创新，以及与此相关的制度和管理创新三个方面，是指企业通过开发或采用一种旨在显著降低产品或服务整个生命周期的环境风险、污染及资源（能源）利用负面影响的新的产品、服务、工艺、流程、管理和经营方式等行为。其次，在绿色创新的驱动因素方面，验证了内部和外部的合宜性驱动力（杨东宁和周长辉，2000）、政府管制、市场要求和社会期望（Fong，2012）、制度压力（Gary，2015；李怡娜和叶飞，2011）等是绿色创新的重要影响因素。最后，在绿色创新对企业绩效的影响方面，发现绿色创新战略与企业竞争优势的关系，部分研究证实了企业采取绿色创新战略会取得企业竞争优势（Chen，2005；Slater，2013；York，2018），对企业的绩效起到正向影响作用（Eiadat，2008；姜雨峰等，2014）。胡晓杏等（2015）通过对制造业企业样本的实证研究，发现绿色创新有利于企业绿色动态能力的形成，并对企业绩效有显著的正向影响，但绿色工艺创新对企业的环境适应能力有阻碍作用。也有学者发现，企业绿色创新对企业价值有负向影响作用（杨静等，2015）。

尽管在企业绿色创新研究方面已取得了巨大进展，但在以下方面仍有需进一步研究的问题。首先，在绿色创新的驱动因素方面，以往多关注政策规制、制度压力、社会利益相关者期望等外部因素，以及企业环境认知、环境伦理等内部因素，总体上对内部因素的关注度较低，考察的变量较为单一。有学者认为，相比于外部驱动因素，内部驱动因素对企业绿色创新的影响更大（杨东宁和周长辉，2000），因此，有必要进一步深化企业内部因素的研究。其次，企业绿色创新是内外部因素共同驱动的结果，然而，以往对内外部因素的交互作用机制缺乏探讨，有必要进一步探讨内部因素和外部因素如何交互决定了企业绿色创新。最后，企业作为经济组织，绩效目标是其行动决策的重要权衡依据，从理论上看，绩效衰减对企业的绿色创新行为也有重要影响，但回顾文献却发现，以往对此缺乏直接研究。

为此，本章研究将基于 CPE-C-P 理论框架，将绩效落差作为关键的情境驱动变量纳入中小制造企业绿色创新的研究中，考察绩效落差影响中小制造企业绿色创新行为的作用机制，分析检验资源冗余、高管团队认知等因素的交互作用，并以中小制造企业为样本进行实证分析验证，进而得出研究结论，给出管理启示，从而为中国制造业的绿色转型提供有益指导。

4.2 绩效衰减与中小制造企业绿色创新相关文献综述与研究假设

企业绿色创新兴起的时间虽然不长，但已广泛出现于环境管理和组织战略文献中。企业绿色创新包括硬件或软件的创新，涉及节能、污染预防、废物回收、绿色技术、新产品研发和环境管理等（Chen，2006）。经合组织（OECD，1997）将绿色创新按照创新对象分为绿色流程创新、绿色产品创新和绿色组织创新。绿色流程创新包括新的生产流程和新的环保技术，绿色产品创新则强调将新的绿色产品引入市场，而非仅仅关注生产阶段，绿色组织创新是通过改变组织结构、管理流程和人力资源等方式便于企业实施绿色创新。绿色创新不一定以减少环境负担为目标，但能产生显著的环境效益（Driessen and Hillebrand，2002），具有“双重外部性”：一方面，减少了与污染有关的负外部性；另一方面，产生了绿色创新过程的知识溢出效应（Jaffe et al.，2002）。

战略管理领域的学者提出，企业应该超越组织面临的规制要求，在组织战略设计和战略计划过程中纳入环境问题（Banerjee，2001），采取绿色创新战略处理与环境相关的问题（Sharma and Vredenburg，1998），并关注企业绿色创新战略的类型。哈特（1995）区分了污染预防、产品管理和可持续发展三种战略，并强调了各种战略之间的互动演变。也有学者把企业应对环境问题的战略分为反应型战略、防御型战略、适应型战略、主动型战略四种（Henrique and Sadorsky，1999），以及反应、污染防治和环境领导型三种（Buysse and Verbeke，2003），或消极应对、依法应对、基于利益相关者响应和全面环境质量响应四种绿色创新战略（Murillo-Luna，2008）。尽管学者们区分的绿色创新战略形式多样，但本质上是从漠视环境保护，到主动将环保工作作为构建可持续竞争优势的关键这一高级实践来区分企业应对环境问题的战略（见张钢和张小军，2011）。遵循该思路，本章将绿色创新战略界定为反应式绿色创新战略和前摄式绿色创新战略两种简化类型。

企业采纳的绿色创新战略类型反映了其应对绿色转型的不同态度和立场。采纳反应式绿色创新战略的企业仅考虑遵守环境规制和实施终端控制，其通常通过防御游说等方式应对环境规制变化和利益相关者压力（Sharma and Vredenburg，2003）。而相对地，采纳前摄式绿色创新战略的企业则会在战略计划中积极、主动地纳入环境问题，通过对总体战略结构、流程和活动进行制度化，减少企业对自然环境的消极影响。

4.2.1　绩效偏差与中小制造企业绿色创新

基于战略管理视角的绿色创新研究，主要关注企业内部因素对其绿色创新战略的影响（Bernauer，2006）。企业作为社会的经济组织，逐利是企业的本性，追求利益最大化是企业的终极目标。研究发现，驱使企业进行绿色创新的内部因素主要有目标、紧迫感和便利性等（Borjesson et al.，2006），形成了企业绿色创新战略选择的基本框架。由此，企业作为经济目标实现的组织系统，其经济目标的反馈结果将对绿色创新及其战略选择产生重要影响。

企业经济目标的实现程度，可以用绩效偏差来衡量。绩效偏差是指，实际绩效与预期水平之间的差距。以往实证研究表明，绩效偏差与研发强度、新产品设计、风险承担及创新、战略变革等创新活动密切相关。按照企业行为理论的逻辑，当企业绩效偏差为负时，将激活企业的问题搜索导向，促使企业采取创新变革行动。不过，此类创新变革行动的目的是为了扭转企业绩效下滑，实现企业功能中最核心的经济目标，而绩效偏差对那些无助于企业经济目标实现的创新活动则不一定有促进作用。反之，根据企业的“三重底线原则”，企业能否持续发展，需要始终坚持经济、社会和环境三重底线，满足三种绩效的最低标准（Elkington，1998；毕克新、杨朝均和隋俊，2015），而企业作为市场经济组织，其首要目标是实现其经济绩效目标，企业经济绩效目标的实现要优先于社会绩效目标和环境绩效目标，因此，三者之间会存在一定程度的不协调。当企业经济目标未达到预期时（绩效偏差为负，即绩效落差），在企业资源有限的情况下，必然将资源优先投入满足企业经济目标的实现上，用于社会绩效目标和环境绩效目标实现的资源必然受到挤压，影响企业绿色创新水平和绿色创新战略的选择。本章提出研究假设 4－1、研究假设 4－2。

研究假设 4－1：绩效落差将阻碍中小制造企业绿色创新水平；

研究假设 4－2：绩效落差将阻碍中小制造企业前摄式绿色创新战略。

4.2.2 资源冗余与中小制造企业绿色创新

资源冗余是指，组织资源中多出实际需求的资源，包括已吸收冗余资源和未吸收冗余资源两部分，已吸收冗余资源是在组织中已被占用而不容易被调配的资源；未吸收冗余资源是组织中目前尚未被支配且有更大自由分配权的资源，是更容易被用于任何地方的资源。

资源冗余能对企业外部环境的变化和各种风险承担产生一定的缓冲作用。企业对绿色创新及其战略的选择，会较大程度地受到企业多余可供自由支配资源的影响，并且，具有充裕资源的大企业实施绿色创新行为的可能性更大。布朗等（2009）基于企业环境战略视角研究发现，企业环境战略的制定和实施在一定程度上取决于企业的资源禀赋，且企业资源类型中冗余资源最有利于推动企业实施环境战略。方润生（2017）也指出，资源冗余能增加企业承担购买绿色创新技术投资的可能性，帮助企业承受试验绿色创新所需投入的巨额成本，进而推动企业绿色创新行为的产生。李剑力（2018）通过实证研究发现，企业中已吸收冗余资源和未吸收冗余资源都能强化探索性创新和开发性创新对企业绩效的促进作用，并且，未吸收冗余资源因尚未被投入和使用，会较容易被识别并合理分配到其他地方，也就更容易用到创新投入中。我们认为，资源冗余可以促进中小制造企业进行绿色创新，帮助其维持企业发展与环境治理之间的平衡关系，从而使其获得可持续核心竞争力，拥有资源冗余越多，中小制造企业选择前摄式绿色创新战略的可能性更大。据此，提出研究假设 4 -3、研究假设 4 -4。

研究假设 4 -3：资源冗余对中小制造企业绿色创新水平有积极影响；

研究假设 4 -4：资源冗余对中小制造企业前摄式绿色创新战略选择有积极影响。

正如前文所论述的，在绩效落差情况下，为了优先实现企业经济目标，企业更倾向于将资源冗余投入有助于短期经济目标实现的创新活动中。一般而言，绿色创新活动能够产生的短期经济效益有限，且具有较大不确定性。在此情况下，中小制造企业更倾向于限制将资源冗余投入绿色创新活动。照此逻辑，绩效落差调节了资源冗余与绿色创新之间的关系。此外，既有研究表明，资源冗余发挥着缓冲功能，能对组织出现的风险波动起到平缓作用，帮助企业较为平静地看待企业绩效下滑等逆境，而非采取较为激进的举措去应对。因此，当中小制造企业面临绩效落差时，资源冗余水平越高，其削减绿色创新资源投入的可能性越低，因而，减缓了绩效落差对绿色创新水平及前摄式绿色创新战略的负面影响。因此，本章提出研究假设 4 –5、研究假设 4 –6。

研究假设 4 –5：资源冗余与绩效落差交互影响中小制造企业的绿色创新水平；

研究假设 4 –6：资源冗余与绩效落差交互影响中小制造企业前摄式绿色创新战略。

4.2.3 企业高管认知与中小制造企业绿色创新

企业高管作为企业战略决策中的关键角色，绿色创新及其战略选择在很大程度上受到高层管理者认知的影响。特别是在企业达到制度规范的底线要求以后，绿色创新战略受到高层管理者认知的影响尤为显著。既有研究多从环境道德与环境伦理的理论角度，考察企业高层管理者认知对绿色创新的影响。而本章将从企业注意力基础观视角，引入企业高层管理者的环境关注作为企业高管认知的代表变量开展研究。我们借鉴李巧华、唐明凤和潘明清（2015）对于管理者环境关注的界定，将管理者环境关注界定为企业管理者对自然环境重要性的关注和对制定及实施环境战略重要性的认知程度。

当企业管理者对环境问题比其他企业的高管更为关注和重视时，其进行绿色创新的可能性就会增加。如弗格森（Ferguson，2015）研究指出，如果企业管理者高度关注环境保护，那么，该企业采取环境创新的可能性就会更大。约瑟夫（Joseph，2019）基于实证研究认为，管理者对环境的关注可能是促使企业采取环境创新战略的最强驱动力。由此可见，管理者对环境的关注可以视为企业绿色创新行为实施的启动器，当企业高管对环境关注度增加时，会重视环境保护并注意资源的高效利用，进而增强他们指引企业绿色创新的创新意愿。据此，提出研究假设 4 –7、研究假设 4－8。

研究假设 4－7：管理者环境关注会正向驱动中小制造企业的绿色创新水平；

研究假设 4－8：管理者环境关注会正向驱动中小制造企业前摄式绿色创新战略。

企业高层管理者作为实施绿色创新行为的决策者，主导着企业进行绿色创新的资源投入。研究表明，企业主动型环境战略的实施在很大程度上是由于高层管理者对环境资源的承诺（Del Brio，2017）。在同等资源冗余情况下，管理者环境关注度高的企业投入绿色创新活动的资源水平将更高，也更可能采用前摄式绿色创新战略。资源冗余越多、管理者环境关注度越高的中小制造企业绿色创新水平越高，也更可能采取前摄式绿色创新战略。即，资源冗余在管理者环境关注与中小制造企业绿色创新水平和前摄式绿色创新战略之间起到正向调节作用。基于此，本章提出研究假设 4－9、研究假设 4－10。

研究假设 4－9：资源冗余强化了管理者环境关注对中小制造企业绿色创新水平的驱动作用；

研究假设 4－10：资源冗余强化了管理者环境关注对中小制造企业前摄式绿色创新战略的驱动作用。

4.2.4　中小制造企业绿色创新与企业绩效

外文文献大量研究、探讨了绿色创新与企业绩效之间的直接关系和间接关系。实证研究主要有两种相互矛盾的结论。一种观点认为，绿色创新促进了企业绩效。如，塔格尔（Tuggle，2010）通过实证分析发现，绿色创新可以促进企业的绿色绩效，而企业的绿色绩效对企业的财务绩效有正向影响作用。乔瓦尼（Giovannl，2015）提出，企业采取绿色技术创新，会生产符合消费者需求的产品，进而提高企业的经济效益。中文文献黄晓杏、胡振鹏、傅春和余达锦（2015）也论证了绿色创新会显著提升企业业绩，而当企业的绿色创新不足时，企业甚至会逐渐被淘汰出市场。另一种观点则认为，绿色创新主要提升了企业的环境绩效和社会绩效，对企业的财务绩效并无显著提升作用。绿色创新甚至会提高生产成本和营运成本，进而降低企业盈利，削弱企业竞争力而不利于提高财务绩效。在实业界，不少企业家和高管也认为，在环境管理方面达到制度规范的标准，实际上提高了企业产品成本，不利于企业的财务效益。

随着社会对环境的日益重视，环保逐渐被纳入企业社会责任中，企业绩效的衡量增加了环境绩效和社会绩效两个维度。而本章出于研究内容的考量，对企业绩效的测量主要选取与绿色创新紧密相关的财务绩效和环境绩效两方面。其中，企业环境绩效主要包括企业对水、物料等资源利用效率的提高、“三废”等污染物排放的减少和环境污染治理经费支出的降低。绿色创新的目的是，降低产品或服务的整个生命周期对环境和资源利用的负面影响，因此，企业绿色创新能够带来显著的环境绩效改进。对于传统中小制造企业来说，为了满足日渐严格的政府规制，会增加企业进行产品研发或工艺研发的潜在成本，不利于企业短期财务绩效的获得。进而迫使企业必须要进行产品或生产工艺方面的绿色创新来相对减少或避免这部分成本，从而获得一定环境效益。据此，本章提出研究假设 4 – 11 ~ 研究假设 4 – 14。

研究假设 4 – 11：中小制造企业绿色创新水平对环境绩效有积极影响；

研究假设 4 – 12：中小制造企业前摄式绿色创新战略对环境绩效有积极影响；

研究假设 4 – 13：中小制造企业绿色创新水平对短期财务绩效有负面影响；

研究假设 4 – 14：中小制造企业前摄式绿色创新战略对短期财务绩效有负面影响。

综上所述，本章构建了如图 4 – 1 所示的理论研究模型。

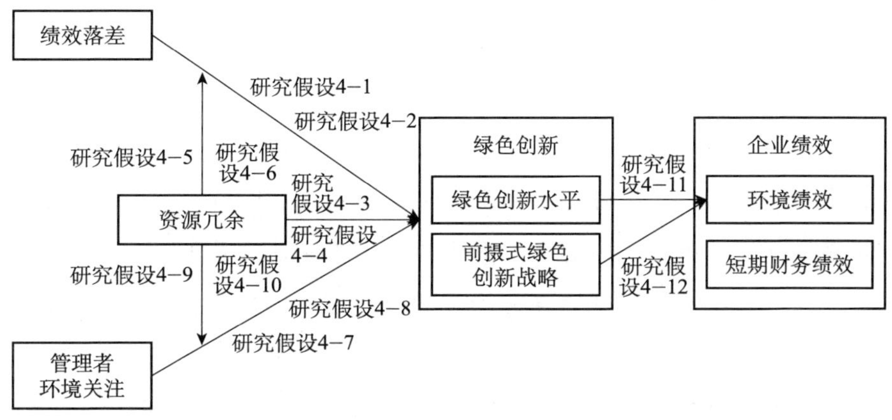

图 4-1　第 4 章研究理论模型

资料来源：笔者整理绘制而得。

4.3　研究设计

4.3.1　问卷设计过程

本章采用问卷调研实证研究方法，主要原因是：首先，本章研究的重点是中小制造企业绩效衰减与绿色创新之间的关系，很难找到可用来验证相关研究假设的二手数据；其次，本章所涉及的中小制造企业高管认知变量也难以通过客观的统计数据予以刻画，按照以往研究通行方法是采用李克特量表法采集数据；最后，国外对企业环境绩效的数据有专门的数据库（如 KLD 数据库），但目前国内缺乏以中小制造企业为统计对象的权威资料库。

问卷设计质量直接影响研究的科学性和研究结论的可靠性，其指标选取的合理性、量表的测量信度和效度都在很大程度上决定了研究的价值。本章在问卷设计上遵循了以下步骤和方法：首先，由于已有量表通常具有较高的信度和效度，且易于被学界接受和认可（陈晓萍，2008），因此，本章尽可能借鉴了被验证过的已有量表。笔者查阅了大量有关绿色创新、环境绩效、资源冗余、管理者环境关注等主题的研究论文，结合本章中小制造企业的特点，借鉴受到学界广泛认可的测量量表，初步设计了预研问卷题项，然后，通过征求专家意见修订并进一步完善。其次，由于借鉴已有问卷可能存在文化上、语言上和时间上的局限性，一些量表的题项可能并不适合于国内企业或中小制造企业的实际情况。加之，外国量表在翻译后可能存在语义和理解方面的偏差，为此，我们邀请了相关领域专家进行表面效度的审订修正，对可能存在语义不清、是否符合中国情境、是否符合中小制造企业特点等问题进行了修正。最后，在大规模发放问卷之前，我们在杭州市选取了30余家中小制造企业进行了小范围预调研，结合调研的反馈情况，对问卷的语言表达、排版等再次进行了修改，最终形成本章研究的最终问卷。

4.3.2 变量测量指标

根据本章所提出的研究框架、概念模型和理论假设，本章涉及的变量包括绩效落差、资源冗余、绿色创新水平、前摄式绿色创新战略、短期财务绩效和环境绩效等变量。以上变量均采用主观感知的测量方法，运用李克特七点量表法进行设计，其中，“1”代表非常不符合，“7”表示非常符合，“4”表示不确定。

绿色创新水平指，在观测年度 t_0 企业在产品、工艺和管理方面运用新思想、新方法和新技术以减少环境负担的变革程度。采用黄晓杏（2015）的量表，分为绿色产品创新、绿色工艺创新、绿色管理创新三个维度共9个题项。绿色产品创新包括“在生产产品中增加了绿色元素”“改进了生产绿色产品的生产技术”“在产品生产中，避免使用违反环保法规的原材料”三个题项；绿色工艺创新包括“引进和使用节能设备”“采用新的对环境影响程度小的生产工艺”“绿色技术能力得到改善”三个题项；绿色管理创新包括“生产中使用标准环境管理系统，如ISO14000”“生产中使用环境安全和预防系统”两个题项。

前摄式绿色创新战略指，在观测年度 t_0 企业主动采用绿色创新战略的倾向程度，其测量主要借鉴张小军（2012）编制的绿色创新战略问卷，该问卷主要从企业的绿色环保行为倾向上表征和刻画前摄式绿色创新战略，主要从企业调整经营活动降低对生态环境的破坏、减少资源浪费和污染物排放、采用更环保的清洁能源能等七个方面测量企业实施绿色创新战略的程度。

绩效落差反映企业在观测年度前一年度 t_{-1} 的绩效相较于前两年度 t_{-2} 的绩效衰减程度，采用企业自我主观报告形式测量。问卷改编自陈（2009）的企业绩效量表，通过市场份额、销售额、净利润及资产回报率四个指标反映。

资源冗余参考了谭和彭（Tan and Peng，2003）编制的量表，对企业在观测年度 t_0 的未吸收冗余资源和已吸收冗余资源进行分别测量，共 8 个题项。其中，未吸收冗余资源主要指，现金留存、应收账款和债券股权等流动性强的财务资源或类财务资源，已吸收冗余资源主要指，固定资产、剩余产能等变现能力较低的实物资源。

管理者环境关注衡量企业高层管理者在观测年度 t_0 对企业环境管理的认知程度。参考约瑟夫等（Yousef et al.，2008）编制的量表，共 4 个题项，分别为：“企业没有必要实现高水平的绿色创新”“绿色创新是企业战略的一个重要组成部分”“对企业来讲，大多数绿色创新是值得的”“绿色创新是企业的一个十分有效的策略。”①

环境绩效一般将环境污染物排放量作为测量指标（李艳萍，2013），如固体废弃物排放量、温室气体排放量（Hiroki and Keisuke，2011），以及 SO_2、NO 和 CO_2 排放量（武春友和翟鲁宁，2004），或者工业废物、

---

① Eiadat Y., Kelly A. and Roche F. et al. Green and Competitive? An Empirical Test of the Mediating Role of Environmental Innovation Strategy [J]. *Journal of World Business*, 2008, 43 (2): 131 - 145.

污染物的排放量作为环境绩效的衡量指标（陈雯，2011）。在综合以往研究的基础上，本章将企业在观测年度 t_0 的环境治理结果变化指标作为衡量环境绩效的指标，主要包括拥有的“排污权数量”“污染减排数量”“处理污染数量变化情况”三个题项。

短期财务绩效衡量企业在观测年度 t_0 期末的财务绩效状况，采用陈（Chen，2009）的企业绩效量表，通过市场份额、销售额、净利润及资产回报率四个指标反映。由于反映的是观测年度一年的财务绩效，因此，衡量的是短期财务绩效状况。

最后，参照已有研究，企业年龄和企业规模都可能影响企业的绿色创新活动，为此，将它们作为控制变量加以控制。其中，企业年龄以企业创始年份至今的年数衡量，企业规模则以上年度企业平均员工数量的自然对数值来反映。

4.3.3 数据采集过程及样本特征

选取的样本企业在区域上主要分布在长三角地区。参照国家工信部等多部委联合发布的《中小企业划型标准规定（2011）》中制造业所属的工业企业标准选取中小制造企业样本，具体标准如下：从业人员 1 000 人以下或营业收入 40 000 万元以下的企业。其中，从业人员 300 人及以上，且营业收入 2 000 万元及以上的为中型企业；从业人员 20 人及以上，且营业收入 300 万元及以上的为小型企业；从业人员 20 人以下或营业收入 300 万元以下的为微型企业。

问卷发放的主要方式有：利用个人和研究团队实地调查经济开发区等地的中小制造企业；利用我校 MBA 学员、工程硕士学员以及校友企业进行发放；通过老师、亲朋好友等私人关系，利用在线问卷调研平台电子版问卷调查。

问卷调研工作自 2018 年 6 月起，至 2018 年 10 月完成，历时 4 个月，共发放问卷 379 份，收回问卷 297 份，回收率为 78.4%。删除填写不完整和有明显矛盾、有歧义或重复的无效问卷后，获得有效问卷 264 份，有效率为 69.7%。对于企业的绿色创新和绩效情况，企业法人或企业的管理层人员比普通员工的信息更加准确，因此，调查问卷内容尽量由被调查传统制造企业的中高级管理层人员填写。样本分布情况，见表 4－1。

表 4－1　　第 4 章企业样本情况统计分析

分类	子类	数量	百分比（%）	分类	子类	数量	百分比（%）
成立年限	5 年以下	50	18.94	员工数量	50～100 人	61	23.11
	5～10 年	82	31.06		101～500 人	134	50.76
	10 年以上	132	50.00		501～1 000 人	69	26.14
销售规模	300 万元以下	18	6.82	所在省市	浙江	193	73.11
	300 万～2 000 万元	151	57.20		江苏	39	14.77
	2 000 万～4 亿元	95	35.98		上海	32	12.12
行业分布	食品	24	9.09	橡胶塑料		11	4.17
	纺织	32	12.12	金属制品		18	6.82
	服装	24	9.09	机械		32	12.12
	皮革	16	6.06	电子信息		33	12.50
	医药	29	10.98	其他		45	17.05

资料来源：笔者根据样本数据的 SPSS 统计分析结果整理而得。

4.3.4　测量模型检验

（1）信度检验和效度检验。采用 SPSS 20.0 软件对研究变量的测量信度进行检验，检验结果如表 4－2 所示。各个变量的 Cronbach's α 均大于 0.70，说明各个变量都具有可接受的信度。同时，使用 AMOS 19.0 软件对研究中涉及的核心变量进行验证性分析，结果显示，各个变量测量题项的因子负荷均大于 0.5，这表明，各变量具有较好的聚合效度。此外，各变量 AVE 平方根均大于变量与其他变量的相关系数，表明本章中所涉及的核心变量均具有较好的区分效度。

表 4-2　　第 4 章变量的信度检验和效度检验

测量变量	测量题项	载荷	AVE 平方根	α 值
绿色创新水平	在生产产品中增加了绿色元素	0.761	0.733	0.791
	改进了生产绿色产品的生产技术	0.746		
	在产品生产中，避免使用违反环保法规的原材料	0.671		
	引进和使用节能设备	0.817		
	采用新的对环境影响程度小的生产工艺	0.628		
	绿色技术能力得到改善	0.719		
	生产中使用标准环境管理系统，如 ISO14000	0.797		
	生产中使用环境安全和预防系统	0.707		
前摄式绿色创新战略	企业调整了经营活动以减少对生态环境的破坏	0.759	0.727	0.897
	尽管政府规制没有要求，企业还是自愿采取环境修复行动	0.685		
	企业调整了经营活动以减少资源浪费和污染物排放	0.739		
	企业调整了经营活动以实现非再生原料、化学品等循环利用	0.770		
	企业采用某些污染更少的新能源替代传统燃料	0.689		
	企业调整了经营活动以减少能源消耗	0.726		
	企业调整了经营活动以减少其产品对环境的影响	0.721		
绩效落差	销售额下降程度	0.825	0.796	0.734
	市场份额下降程度	0.782		
	净利润下降程度	0.789		
	资产回报率下降程度	0.788		
资源冗余	本公司有充足的财务资源应对突发的投资需求	0.796	0.727	0.736
	本公司的保留盈余足够满足开拓市场的经费需求	0.832		
	公司的财务资源池可根据情况灵活支配	0.624		
	本公司有充裕的资源以应对环境的剧烈变化	0.647		
	公司的设备设施常常没有满负荷运转	0.651		
	运营资源还有许多没有充分利用	0.675		
	我们的员工有时没有足够的工作做	0.677		
	我们的生产能力有剩余，还有较大的发挥余地	0.869		
管理者环境关注	企业没有必要实现高水平的绿色创新	0.691	0.677	0.832
	绿色创新是企业战略的一个重要组成部分	0.648		
	对企业来讲大多数绿色创新是值得的	0.751		
	绿色创新是企业一个十分有效的策略	0.610		
环境绩效	排污权数量变化	0.831	0.796	0.716
	污染减排数量变化	0.857		
	处理污染数量变化	0.689		

续表

测量变量	测量题项	载荷	AVE 平方根	α 值
短期财务绩效	市场份额	0.822	0.834	0.766
	销售额	0.889		
	净利润	0.874		
	资产回报率	0.745		

资料来源：笔者根据样本数据的 SPSS 统计分析结果整理而得。

（2）共同方法偏差检验。在测量中问卷都采用主观量表测量，可能难以将共同方法偏差控制在可接受的范围之内。由于共同方法偏差对变量关系产生重要影响，降低假设检验的可信度，因此，在进行变量关系分析之前，采用 Harman 单因子检验方法对测量数据进行了共同方法检验。采用主成分分析法，运用陡阶抽取因素，使用 Varimax 方法对因子参照轴进行旋转，在对包含 37 个测量项目数据的探索性因子分析后发现，KMO＝0. 79，Bartllett 球体检验 Sig. ＝0. 00，共析出 11 个因子，解释了 79. 53% 的总方差。解释变异最高的因子仅仅解释了 15. 26% 的总体变异，解释变异最低的因子解释了 4. 37% 的总体变异，没有主导因素出现，说明共同方法偏差不显著。

再通过对照性的验证性因子分析对变量之间的同源偏差进行分析检验，分析结果表明，单因子模型各拟合指标较差（$\chi^2/df = 9.61$，NFI＝0. 44，IFI＝0. 47，CFI＝0. 46，RFI＝0. 37，RMSEA＝0. 17），而七因子模型各拟合指标都较理想（$\chi^2/df = 3.96$，NFI＝0. 87，IFI＝0. 76，CFI＝0. 78，RFI＝0. 81，RMSEA＝0. 11），验证性因子分析结果表明变量之间不存在严重的同源偏差。

4. 4　实证分析结果

4. 4. 1　描述性统计和相关分析结果

本章研究假设涉及的各核心变量的平均值、标准差及相关系数，如表 4－3 所示。相关分析结果显示，绿色创新水平、前摄式绿色创新战略

表 4-3　第 4 章变量描述统计分析和相关分析结果

变量	均值	标准差	1	2	3	4	5	6	7	8	9
1. 公司年龄	9.53	6.00	1.00								
2. 企业规模	2.03	0.70	0.23 **	1.00							
3. 绩效落差	4.19	0.83	-0.10	-0.13	1.00						
4. 管理者环境关注	4.63	0.99	0.11	0.17 *	-0.09	1.00					
5. 未吸收冗余	4.56	0.96	0.07	0.16 *	-0.05	0.19 **	1.00				
6. 已吸收冗余	4.55	0.92	0.02	0.15 *	-0.09	0.17 *	0.34 **	1.00			
7. 绿色创新水平	4.29	0.87	0.09	0.07	0.31 **	0.38 **	0.27 **	0.26 **	1.00		
8. 前摄式绿色创新战略	4.60	1.02	0.16 *	0.11	0.36 **	0.39 **	0.42 **	0.19 **	0.54 **	1.00	
9. 环境绩效	4.17	1.00	0.13	0.12	0.37 **	0.41 **	0.31 **	0.28 **	0.67 **	0.39 **	1.00
10. 短期财务绩效	4.72	0.93	0.17 *	0.19 **	0.21 **	0.25 **	0.43 **	0.40 **	-0.23 **	-0.17 *	-0.19 **

注：*、** 分别表示在 5%、1% 的显著性水平上显著。

资料来源：笔者根据样本数据的 SPSS 统计分析结果整理而得。

与绩效落差、资源冗余、管理者环境关注、环境绩效、短期财务绩效的相关系数均显著正相关。

4.4.2　绿色创新水平的回归分析结果

采用层次回归分析法对本章的研究假设进行统计检验。先对绿色创新水平进行回归分析，分别检验了直接效应模型（模型 1）和交互效应模型（模型 2），具体结果如表 4 -4 所示。在回归分析前，对绩效落差、管理者环境关注、未吸收冗余资源和已吸收冗余资源进行了中心化处理，绩效落差分别与未吸收冗余资源、已吸收冗余资源的乘积项，以及管理者环境关注与未吸收冗余资源、已吸收冗余资源的乘积项，均为中心化处理之后的计算值。

表 4 -4　　绿色创新水平的回归分析结果

变量	绿色创新水平	
	模型 1（直接效应模型）	模型 2（交互效应模型）
控制变量		
企业年龄	0.03	0.04
企业规模	0.11	0.09
直接效应		
绩效落差（研究假设 4 -1）	-0.21**	-0.19**
管理者环境关注（研究假设 4 -7）	0.31**	0.27**
未吸收冗余资源（研究假设 4 -3）	0.27**	0.23*
已吸收冗余资源（研究假设 4 -3）	0.24**	0.19**
交互效应		
绩效落差 × 未吸收冗余资源（研究假设 4 -5）	—	-0.17**
绩效落差 × 已吸收冗余资源（研究假设 4 -5）	—	-0.05
管理者环境关注 × 未吸收冗余资源（研究假设 4 -9）	—	0.17**
管理者环境关注 × 已吸收冗余资源（研究假设 4 -9）	—	0.11
F	14.42**	16.43**
R^2	0.43	0.51
ΔR^2	—	0.08**

注：*、** 分别表示在 5%、1% 的显著性上显著。“—”表示无数据。

资料来源：笔者根据样本数据的 SPSS 统计分析结果整理而得。

在表4－4中，模型1纳入了企业年龄和企业规模在内的常规控制变量，以及绩效落差、已吸收冗余资源、未吸收冗余资源、管理者环境关注等自变量。模型1的回归结果表明，回归方程统计显著（$R^2=0.43$，$F=14.42$，$p<0.01$），绩效落差对中小制造企业绿色创新水平产生显著的负向影响（$\beta=0.21$，$p<0.01$），因此，研究假设4－1得到验证。结果还显示，管理者环境关注（$\beta=0.31$，$p<0.01$）、未吸收冗余资源（$\beta=0.27$，$p<0.01$）和已吸收冗余资源（$\beta=0.24$，$p<0.01$）对中小制造企业绿色创新水平有显著的正向影响，研究假设4－3和研究假设4－7分别得到验证。

为了检验资源冗余与绩效落差对绿色创新水平的交互效应（研究假设4－5），以及资源冗余与管理者环境关注对绿色创新水平的交互效应（研究假设4－9），在表4－4中，模型2是在模型1的基础上，加入了未吸收冗余资源、已吸收冗余资源分别与绩效落差和管理者环境关注的交互项，回归方程统计显著（$R^2=0.51$，$F=16.43$，$p<0.01$）。对比模型2与模型1的实证分析结果可以看出，在增加了四个交互项之后，模型2的R^2有了显著性增加（$\Delta R^2=0.08$，$\Delta F=2.01$，$p<0.01$）。

未吸收冗余资源与绩效落差的交互项的回归系数为－0.17（$p<0.01$），表明未吸收冗余资源与绩效落差显著负向交互影响了中小制造企业绿色创新水平，已吸收冗余资源与绩效落差的交互项的回归系数为－0.05，但统计结果不显著，表明已吸收冗余资源与绩效落差对中小制造企业绿色创新水平的交互作用不显著，研究假设4－5得到部分验证。

未吸收冗余资源与管理者环境关注的交互项的回归系数为0.17（$p<0.01$），表明未吸收冗余资源与管理者环境关注显著正向交互促进了中小制造企业绿色创新的水平，已吸收冗余资源与管理者环境关注的交互项的回归系数为0.11，但统计结果不显著，表明已吸收冗余资源与管理者环境关注对中小制造企业绿色创新水平的交互作用不显著，研究假设4－9也得到部分验证。

4.4.3　前摄式绿色创新战略的回归分析结果

接下来，对前摄式绿色创新战略进行回归分析，分别检验了直接效应模型（模型 3）和交互效应模型（模型 4），具体结果如表 4－5 所示。在回归分析前，对绩效落差、管理者环境关注、未吸收冗余资源和已吸收冗余资源进行了中心化处理，绩效落差分别与未吸收冗余资源、已吸收冗余资源的乘积项，以及管理者环境关注与未吸收冗余资源、已吸收冗余资源的乘积项，均为中心化处理之后的计算值。

表 4－5　　　　前摄式绿色创新战略的回归分析结果

变量	前摄式绿色创新战略	
	模型 3 （直接效应模型）	模型 4 （交互效应模型）
控制变量		
企业年龄	0.04	0.05
企业规模	0.12	0.11
直接效应		
绩效落差（研究假设 4－2）	－0.23 **	－0.21 **
管理者环境关注（研究假设 4－8）	0.35 **	0.28 **
未吸收冗余资源（研究假设 4－4）	0.29 **	0.22 *
已吸收冗余资源（研究假设 4－4）	0.12 *	0.09
交互效应		
绩效落差 × 未吸收冗余资源（研究假设 4－6）	—	－0.19 **
绩效落差 × 已吸收冗余资源（研究假设 4－6）	—	－0.07
管理者环境关注 × 未吸收冗余资源（研究假设 4－10）	—	0.21 **
管理者环境关注 × 已吸收冗余资源（研究假设 4－10）	—	0.17 **
F	15.03 **	17.13 **
R^2	0.46	0.55
ΔR^2	—	0.08 **

注：*、** 分别表示在 5%、1% 的显著性上显著。“—”表示无数据。
资料来源：笔者根据样本数据的 SPSS 统计分析结果整理而得。

在表 4－5 中，模型 3 纳入了企业年龄和企业规模在内的常规控制变量，以及绩效落差、已吸收冗余资源、未吸收冗余资源、管理者环境关注等自变量。模型 3 的回归结果表明，回归方程统计显著（$R^2=0.46$，$F=15.03$，$p<0.01$），绩效落差对中小制造企业前摄式绿色创新战略产生显著的负向影响（$\beta=-0.23$，$p<0.01$），因此，研究假设 4-2 得到验证。结果还显示，管理者环境关注（$\beta=0.35$，$p<0.01$）、未吸收冗余资源（$\beta=0.29$，$p<0.01$）和已吸收冗余资源（$\beta=0.12$，$p<0.05$）对中小制造企业前摄式绿色创新战略有显著正向影响，研究假设 4-8 和研究假设 4-4 分别得到验证。

为了检验资源冗余与绩效落差对前摄式绿色创新战略的交互效应（研究假设 4-6），以及资源冗余与管理者环境关注对前摄式绿色创新战略的交互效应（研究假设 4-10），在表 4-5 中，模型 4 是在模型 3 的基础上，加入了未吸收冗余资源、已吸收冗余资源分别与绩效落差和管理者环境关注的交互项，回归方程统计显著（$R^2=0.55$，$F=17.13$，$p<0.01$）。对比模型 4 与模型 3 的实证分析结果可以看出，在增加了 4 个交互项之后，模型 4 的 R^2 有了显著性增加（$\Delta R^2=0.08$，$\Delta F=2.10$，$p<0.01$）。

未吸收冗余资源与绩效落差的交互项的回归系数为 -0.19（$p<0.01$），表明未吸收冗余资源与绩效落差显著负向交互影响了中小制造企业前摄式绿色创新战略，已吸收冗余资源与绩效落差的交互项的回归系数为 -0.07，但统计结果不显著，表明已吸收冗余资源与绩效落差对中小制造企业前摄式绿色创新战略的交互作用不显著，研究假设 4-6 得到部分验证。

未吸收冗余资源与管理者环境关注的交互项的回归系数为 0.21（$p<0.01$），表明未吸收冗余资源与管理者环境关注显著正向交互促进了中小制造企业前摄式绿色创新战略，已吸收冗余资源与管理者环境关注的交互项的回归系数为 0.17（$p<0.01$），表明已吸收冗余资源与管理者环境关注显著正向交互促进了中小制造企业前摄式绿色创新战略，研究假设 4-10 也得到了验证。

4.4.4　企业绩效的回归分析结果

为了检验绿色创新水平和前摄式绿色创新战略对企业环境绩效的影响（研究假设 4－11 和研究假设 4－12），并对比、分析绿色创新水平和前摄式绿色创新战略对企业短期财务绩效的影响，分别对环境绩效和短期财务绩效进行回归分析，结果如表 4－6 所示。

表 4－6　　环境绩效和短期财务绩效的回归结果

变量	环境绩效		短期财务绩效	
	模型 5	模型 6	模型 7	模型 8
控制变量				
企业年龄	0.07	0.05	0.09	0.07
企业规模	0.12	0.09	0.18 **	0.14
直接效应				
绿色创新水平	—	0.37 **	—	－0.15 *
前摄式绿色创新战略	—	0.26 **	—	－0.09
F	0.58	12.91 **	0.94	12.63 **
R^2	0.06	0.37	0.09	0.21
ΔR^2	—	0.31 **	—	0.12 **

注：*、** 分别表示在 5%、1% 的显著性水平上显著。"—" 表示无数据。

资料来源：笔者根据样本数据的 SPSS 统计分析结果整理而得。

在表 4－6 中，模型 6 检验了企业年龄、企业规模等控制变量和绿色创新水平、前摄式绿色创新战略等自变量对因变量环境绩效的影响，回归方程统计显著（$R^2 = 0.37$，$F = 12.91$，$p < 0.01$），绿色创新水平对中小制造企业环境绩效产生显著的正向影响（$\beta = 0.37$，$p < 0.01$），因此，研究假设 4－11 得到验证；前摄式绿色创新战略对中小制造企业环境绩效产生显著的正向影响（$\beta = 0.26$，$p < 0.01$），因此，研究假设 4－12 得到验证。

在表 4－6 中，模型 8 检验了企业年龄、企业规模等控制变量和绿色创新水平、前摄式绿色创新战略等自变量对因变量短期财务绩效的影响，回归方程统计显著（$R^2 = 0.21$，$F = 12.63$，$p < 0.01$），绿色创新水平对

中小制造企业短期财务绩效产生显著的负向影响（β = -0.15，$p < 0.05$），研究假设4-13得到验证；前摄式绿色创新战略对中小制造企业环境绩效产生负向影响（β = -0.09），但统计不显著，因此，研究假设4-14未得到验证。

综合以上统计分析结果，本章研究假设的检验结果汇总，如表4-7所示。研究假设4-1、研究假设4-2、研究假设4-3、研究假设4-4、研究假设4-7、研究假设4-8和研究假设4-10、研究假设4-11、研究假设4-13都得到了实证分析结果的支持，研究假设4-5、研究假设4-6和研究假设4-9得到了实证分析结果的部分支持，而研究假设4-14未得到支持。

表4-7　第4章研究假设检验结果

研究假设	内容	验证结果
研究假设4-1	绩效落差将阻碍中小制造企业绿色创新水平	支持
研究假设4-2	绩效落差将阻碍中小制造企业前摄式绿色创新战略	支持
研究假设4-3	资源冗余对中小制造企业绿色创新水平有积极影响	支持
研究假设4-4	资源冗余对中小制造企业前摄式绿色创新战略有积极影响	支持
研究假设4-5	资源冗余与绩效落差交互影响中小制造企业的绿色创新水平	部分支持
研究假设4-6	资源冗余与绩效落差交互影响中小制造企业前摄式绿色创新战略	部分支持
研究假设4-7	管理者环境关注会正向驱动中小制造企业的绿色创新水平	支持
研究假设4-8	管理者环境关注会正向驱动中小制造企业前摄式绿色创新战略	支持
研究假设4-9	资源冗余强化了管理者环境关注对中小制造企业绿色创新水平的驱动作用	部分支持
研究假设4-10	资源冗余强化了管理者环境关注对中小制造企业前摄式绿色创新战略的驱动作用	支持
研究假设4-11	中小制造企业绿色创新水平对环境绩效有积极影响	支持
研究假设4-12	中小制造企业前摄式绿色创新战略对环境绩效有积极影响	支持
研究假设4-13	中小制造企业绿色创新水平对短期财务绩效有负面影响	支持
研究假设4-14	中小制造企业前摄式绿色创新战略对短期财务绩效有负面影响	未支持

资料来源：笔者整理而得。

4.5　结论与建议

4.5.1　结论与讨论

绿色创新是推动中小制造企业绿色化转型、实现可持续发展的必然选择。既有研究多关注企业在利益相关者压力等外部制度环境因素下的绿色转型行为，而对企业所处绩效衰减等微观情境因素及其与内部因素的交互作用机制缺乏直接研究。本章基于 CPE-C-P 理论框架，探讨中国中小制造企业在绩效衰减情境下的绿色创新行为一般规律，通过选取 264 家长三角地区中小制造企业问卷调查数据，具体考察了绩效落差、资源冗余、管理者环境关注等因素的交互效应，研究发现了以下六点结论。

第一，绩效衰减将阻碍中小制造企业绿色创新水平和前摄式绿色创新战略。一般认为，绿色创新因其具有正的“外部性”，使得多数企业缺乏主动进行绿色创新的积极性，而本章研究则指出，当企业面临绩效衰减时，随着绩效衰减程度的加深，中小制造企业绿色创新水平和绿色创新的积极主动性都将减弱，因而，绩效衰减成为中小制造企业绿色转型的阻碍因素。与前一章研究有所不同的是，绩效衰减并未使得中小制造企业在绿色转型领域愿意承担更大风险，未出现前景理论所预测的“风险偏好反转”现象。原因可能是，企业愿意承担更大风险的最终目的指向“获益”——提振企业绩效，而绿色创新所创造的“获益”更多是企业环境绩效，是指向外部的（即外部性），因而，企业缺乏风险偏好反转的动机。

第二，资源冗余增强了中小制造企业绿色创新水平和前摄式绿色创新战略。这与以往研究的结论一致，资源冗余对包括绿色创新在内的企业创新行为有显著的促进作用。与其他创新活动一样，绿色创新需要持续的资源投入，资源冗余可以为中小制造企业尝试进行绿色创新以开发潜在绿色市场提供坚实的资源基础，可以使企业能够承担购买绿色创新技术的资金投入和实施绿色创新需要负担的巨额成本，从而推动企业进行绿色创新活动。因此，资源冗余对企业绿色水平和前摄式绿色创新战略都有积极影响，在促进中小制造企业进行绿色转型方面起到明显的驱动作用。

第三，未吸收冗余资源缓和了绩效落差对中小制造企业绿色创新水平和前摄式绿色创新战略的阻碍作用。拥有未吸收冗余资源越多的中小制造企业，其绩效衰减对绿色创新水平和前摄式绿色创新战略的负面影响越低。与理论假设预测一致，资源冗余在绩效衰减与绿色创新活动之间起到了缓冲功能。换个角度，即绩效衰减程度越深的中小制造企业，其未吸收冗余资源对绿色创新水平和前摄式绿色创新战略的正向影响越低。这说明，绩效衰减确实影响了中小制造企业对资源的配置，更多资源用于扭转企业的短期财务绩效，挤占了原本用于提升企业环境绩效的资源，出现“资源挤出效应”。

第四，管理者环境关注正向驱动了中小制造企业的绿色创新水平和前摄式绿色创新战略。研究表明，中小制造企业管理者对环境的关注程度越高，企业就越有进行绿色创新的动力，其绿色创新水平和前摄式绿色创新战略活跃度越高。该结论与企业注意力基础观的推论一致，组织注意力理论认为，企业管理者的注意力是能用来解释企业行为的关键，管理者注意力配置对企业战略活动产生重大影响。与以往企业注意力基础观多关注企业技术创新、公司创业和国际化等不同，本章将企业注意力基础观拓展至企业环境管理领域，发现了管理者对环境的关注程度能正向驱动企业进行绿色创新，因而，从实证上拓展了企业注意力基础观的解释领域。

第五，未吸收冗余强化了管理者环境关注对中小制造企业绿色创新水平和前摄式绿色创新战略的促进作用。研究表明，管理者环境关注度高的中小制造企业，其未吸收冗余资源对绿色创新水平和前摄式绿色创新战略的促进作用更强；换句话说，未吸收冗余资源水平越高的中小制造企业，其管理者环境关注对绿色创新水平和前摄式绿色创新战略的促进作用越强。即未吸收冗余资源和管理者环境关注交互促进了中小制造企业绿色创新水平和前摄式绿色创新战略。其背后的理论逻辑是，从行动意向而言，管理者环境关注程度越高的中小制造企业，越愿意将更多未吸收冗余资源投入支持绿色创新活动中；而从行动的资源条件而言，未吸收冗余资源水平越高的中小制造企业，管理者环境关注度越高，也越有可能投入更多未吸收冗余资源到绿色创新活动中。

第六，绿色创新水平和前摄式绿色创新战略显著地促进了中小制造企业的环境绩效，绿色创新水平对中小制造企业的短期财务绩效有显著负向作用，而前摄式绿色创新战略对中小制造企业的短期财务绩效的作用不显著。与既有研究一致，绿色创新包括的绿色产品创新和绿色工艺创新的初衷是为了降低环境污染和提高资源利用效率，环境的改善和资源的节约能够体现企业环境绩效和长期财务绩效的提升，但绿色创新活动需要大量短期投入，无法立即产生短期收益。相对于反应式绿色创新战略，前摄式绿色创新战略可能因为着眼于长期环境管理问题，而对企业短期财务绩效未产生显著作用。

4.5.2　管理启示

由以上研究结论，可以得出如下三点管理启示。

首先，从经济绿色可持续发展角度而言，政府尤其要注重绩效衰减情境下的中小制造企业绿色转型激励问题，需要政府制定有效的“绿色政策”激励和调节绩效衰减中小制造企业的绿色转型行为，以弥补绩效衰减导致的绿色转型动力不足。目前，已有政策通常是面向所有制造企业的，而未能考虑制造企业绿色转型所面临的情境差异性。

其次，考虑到资源冗余（特别是未吸收冗余）对绩效衰减情境下中小制造企业绿色转型的重要直接作用和缓冲作用，在未来政策中应面向绩效衰减情境下资源匮乏的中小制造企业，更加积极地运用财政、税收、融资等方面的政策，通过增加其资源冗余，帮助其缓冲绩效衰减对绿色转型的负面作用，进而更有针对性地通过政策促进中小制造企业绿色转型。

最后，管理者环境关注会对中小制造企业的绿色创新有明显的积极影响，表明通过宣传、教育等增强中小制造企业管理层人员的环保意识和企业高管的绿色注意力会促使中小制造业企业绿色创新积极性的提高。政府部门应通过多种途径提高和强化企业家对于绿色方面的创新意识，积极培育企业管理者对绿色的注意力。例如，可以开展企业环境信用评价、举办企业家培训班、研讨会和交流会等方式培养管理者的绿色意识，让其意识到环保和节约资源的重要性，以增强其进行绿色创新的意愿，从而激发传统制造业企业积极进行绿色创新的主动性。

4.5.3 研究不足与未来展望

本章基于现有理论提出研究的理论概念模型和研究假设，并通过问卷调查获得一手数据资料，进行实证定量分析检验了理论模型和研究假设，在一定程度上保证了本章研究结论的质量。但是，由于实证研究样本地域选择限制、调查问卷设计和个人研究水平有限，本章仍存在不足和需要进一步完善的地方。

首先，本章研究囿于实地调研工作量较大、不可控因素高，研究样本的选取从区域上主要分布在以浙江省为主的长三角地区，且全部为民营中小制造企业，研究结论可能难以轻易地推论至其他地区或其他类型的制造企业，未来将研究样本扩展至全国，增加样本量，提高问卷调查数据质量，或者对研究样本进一步细分比较分析，对比不同地区、不同所有权性质、不同行业以及不同规模的制造企业在绩效衰减情境下的绿色转型行为。

其次，由于研究绩效衰减的取样要求较高，问卷调查采用了方便采样的方法，且采集的是横断面回溯式数据，加之绿色创新问题可能会存在社会称许性而导致测量失真，这些都可能影响研究结论的效度。未来研究可以改进取样方式，通过随机取样扩大样本类型和样本数量，采用跟踪调查方法等改进研究方法，运用成组问卷调查等保证数据质量，进一步验证和修正本章的研究结论。

最后，本章研究框架纳入的绩效衰减情境下中小制造企业绿色转型驱动因素变量相对有限，理论模型还有待进一步拓展和深化，未来可继续纳入更多研究变量。如外部环境动态性、政策规制强度、高管团队战略决策逻辑等，还可以从其他维度测度高管团队注意力配置等，研究高管不同注意力配置模式对绿色创新的影响。

第5章　绩效衰减与中小制造企业变革策略选择

5.1　研究背景与研究问题

在第2章～第4章中，我们就绩效衰减情境下，在商业模式、数字化和绿色化等当前制造业面临的若干关键性战略变革内容领域，运用问卷调查数据，对中小制造企业战略变革的行为模式和特征规律开展了一系列实证研究分析。论证了绩效衰减、高管认知和资源冗余对中小制造企业在上述战略变革内容领域的不同影响效应，从而初步检验了CPE-C-P在商业模式、绿色化和数字化等战略变革领域的解释效度。

由于以上研究未就战略变革的整体特征模式做类型的细分，因而无从窥见绩效衰减情境下中小制造企业战略变革的整体特征倾向。为了跳出单一战略变革内容领域的视角限制，从总体上考察绩效衰减中小制造企业战略变革所采用的策略模式选择倾向，以及变革策略选择的影响机制，本章将不再聚焦于具体的战略变革内容领域，而是站在中小制造企业战略变革的整体视角，通过问卷调查数据，考察绩效衰减、高管团队认知和资源冗余对变革策略模式选择的影响及其作用机制，以作为前几章研究的补充。

此外，战略变革的研究表明，绩效衰减威胁带来的压力可促使组织克服组织惯性（Huff and Huff et al.，1992），绩效衰减是导致组织响应内外部环境变化、采取变革行动的催化剂（Gilbert，2005）。但已有关于绩效衰减对企业变革策略选择影响的研究结论，却截然相反。一些研究认为，面临绩效下降威胁的组织具有更高的变革意愿（Lant and Milliken et al.，2006），前景理论认为，在绩效衰减情境下，企业将出现风险偏好反转，变得更加冒险激进，从而更愿意开展创新变革活动。但也有研究表明，威胁也可能导致威胁僵化效应，可能会减少企业高管愿意考虑的备选方案及试验性活动（Staw and Sandelands et al.，1981；Ross and Staw，1993）等，因而妨碍企业的战略变革。

在第 2 章中，我们从倒“U”形影响效应角度部分解释了导致研究结论不一致的原因，推进了企业行为理论、前景理论和威胁僵化理论之间的统合。然而，仅从非线性影响效应角度解释仍然是不够的，上述相互矛盾的结论还可能与已有研究未界定并区分不同性质的绩效衰减情境有关。为此，本章根据绩效衰减的情境差异，将绩效衰减情境从单一的衡量企业当前与过去绩效的落差，进一步区分为历史绩效落差和同行绩效落差两种不同情形。历史绩效落差是指，与企业自身历史绩效相比的差距，同行绩效落差是与同行业类似企业对比的绩效差距，以此更细致地考察绩效衰减情境下中小制造企业变革策略选择机制。

5.2　绩效衰减与中小制造企业变革策略相关文献综述与研究假设

绝大多数管理者和管理学者将组织衰落视为可逆的（Chowdhury and Lang，1993；Porter，1985），认为特定的变革策略可以阻止企业绩效衰减，结束企业衰落的威胁并持续恢复组织绩效（Chowdhury，2002）。研究也发现，成功实现重振的企业实施了一系列类似的变革活动，特别在成熟的制造产业（O'Neill，1986），说明存在特定的企业变革策略模式（Cater and Schwab，2008）。

在第1章，我们根据文献梳理了两种基本变革策略：运营型变革策略和创业型变革策略。霍弗（Hofer，1980）最先提出面对财务低迷时，企业应该运用资产缩减和降低成本的变革策略。汉布里克和谢克特（Hambrick and Schecter，1983）首次运用大样本检验了变革策略的有效性，将变革策略分为运营型变革策略（资产缩减和降低成本）和创业型变革策略（产品选择和市场调焦）。并发现两种策略对战略变革都显著有效，认为成功的战略变革通常主要是效率提升的结果而非产品—市场变化或市场份额变化的结果。乔杜里和朗（Chowdhury and Lang，1996）认为，存在缩减策略和创业迁移两种变革策略，并在中小企业样本中对这两种策略进行了比较，发现创业迁移是一种可行的变革策略，但缩减策略具有更好的短期绩效，而创业迁移策略的长期绩效优异。凯特和施瓦布（Cater and Schwab，2008）认为，变革策略主要包括重构、规模缩减和范围缩减等策略，并强调资产缩减和降低成本作为财务低迷时期的应对途径。巴赫曼（Bachmann，2009）提出，战略变革包含战略要素和运营要素，前者关于"什么（what）"，后者关于"如何（how）"，两者共同构成战略决策的基石。危机情境能够激发组织有关"什么"和"如何"的灵感，一方面，选择更有价值的战略选项；另一方面，通过改进运营避免陷入组织失败（Bachmann，2009）。以上策略基本上都可以根据其含义纳入运营型变革和创业型变革两种策略之中。

运营型变革策略是指，提高运营效率、缩减某个业务的规模和范围，也称缩减策略，包括退出艰难的市场、去掉不盈利的产品线、出售资产、外包和裁员等举措。这些举措用以防止财务损失，并腾出新资源以投向更具效能的活动。缩减也被描述为"效率"导向策略（Hambrick，1985）和对核心业务的"重新聚焦"（Dawley et al.，2002；Johnson，1996）策略。实证研究中，对缩减策略对于战略变革的有效性，存在较大争论。例如，罗宾斯和皮尔斯（Robbins and Pearce，1992）认为，剥离资产和降低成本是变革策略的核心，霍夫曼（Hoffman，1989）认为，控制成本是成功转型的关键。相反，巴克和莫内（Barker and Mone，1994）及巴克和莫内（1998）认为，缩减策略是一种失败的变革策略，会弱化企业。卡斯特罗戈瓦尼和布鲁托（Castrogiovanni and Bruton，2000）则发现，收缩活动对战略变革并无显著影响，认为缩减策略的效果可能具有情境性，需要在不同的产业背景中检验。但以往对缩减策略的检验主要偏重于缩减业务规模、范围的效果检验，未纳入提高运营效率的其他举措。

创业型变革策略包括进入新市场、寻求新资源、研发新产品、调整公司目标、形象等行为举措，强调对市场和产品的变革和创新（Boyne and Meier，2009）。创业型变革策略的主要贡献，是从新资源中获得回报。创业型变革策略可能部分采取外部网络构建活动，如调整顾客、供应者和接待机构的关系等（Arogyaswamy et al.，1995），对外部期望的重新排列也是缩减和重置的前提条件（Filatotchev and Toms，2006）。大量实证研究发现，创业型变革策略是有效的，这与以往组织生态理论中假定战略变革是由于突变而非适应的观点相悖（Hannan and Freeman，1977），组织生态理论认为，创业转型将导致更深度的组织衰落。博伊恩和梅尔（Boyne and Meier，2009）认为，由于存在大量“勘探式”策略可以运用，如为顾客提供新服务、变革和平衡的活动比例等（Boyne and Walker，2004），因此，理论上创业型变革策略对战略变革应该有效，实证研究也证实了创业型变革策略对战略变革的有效性。

既有研究还认为，不同变革策略的风险程度存在差异。创业型变革策略强调对市场和产品的变革和创新（Boyne and Meier，2009），需要企业对不确定性回报进行大量投入，通常伴随着更高水平的风险（Gupta，Smith and Shalley，2006）；运营型变革策略的可预测性和可控性更高，风险可控制在较低水平（Gatignon et al.，2002）。

5.2.1　绩效衰减与变革策略选择

前景理论认为，与机会框架相比，威胁框架下的企业高管更强调战略行为的收益性，更倾向于采取冒险行为（Kahneman and Tversky，

1979)。根据该观点，在绩效衰减情境下，企业更愿意投入探索创新和外部网络协作活动中，更倾向于采取风险性更高的创业型变革策略。但在威胁僵化观看来，绩效衰减意味着威胁，将导致风险规避行为，组织会将注意力集中于保护既有地位（Sitkin and Pablo，1992；Staw et al.，1981；Dutton and Jackson，1987），甚至出现对既有策略的承诺升级（Staw et al.，1981）。因此，在绩效衰减情境下，企业倾向于降低高风险的创新性创业活动和可控度较低的外部网络协作活动的投入，转而尝试结果更具可预测性的运营型变革策略。

可见，两种理论观点的推理结论完全相反。其原因可能是，以往未界定、未区分不同性质的绩效衰减情境，忽略了不同性质绩效衰减情境的影响效应差异所引致。为此，我们将绩效衰减情境根据性质差异，进一步区分为历史绩效落差和同行绩效落差两个维度。历史绩效落差是与企业自身历史绩效的差距，同行绩效落差是与同行业类似企业的绩效差距。我们认为，两种绩效落差对变革策略选择的影响有差异，原因在于，两种绩效落差对企业高管的认知产生了不同的影响效应：由于同行绩效落差显著地反映了企业在同行业竞争中的劣势地位，当企业面临的同行绩效落差越大时，将使企业高管具有更强的危机感知，导致更高的威胁识别水平和更低的转机识别水平（梅胜军，2011）；而历史绩效落差反映的是企业经营业绩在时间维度上的动态变化，相比于同行绩效落差而言，历史绩效落差将企业高管的注意力更多地导向了内部运营等企业可控因素，从而使企业高管具有更强的转机识别水平和更低的威胁识别水平。

威胁识别是企业高管的关于运营环境变化对组织意味着获益还是损失及其程度的管理性评估（Staw，Sandelands and Dutton，1981）。威胁识别对变革策略选择有何影响呢？根据前景理论，面对潜在损失的威胁情境时，组织倾向于采取冒险行为（Kahneman and Tversky，1979）。威胁可能侵蚀组织的战略地位，企业高管需要增加创新能力方面的投入，以应对威胁情境下不可预测的后果。与机会框架相比，威胁框架下的企业高管更强调战略行为的收益性，更倾向于采取冒险行为。而在机会框架下，企业高管更强调战略行为的损益性，因此，倾向于风险回避，降低组织在风险性创业活动方面的投入，取而代之的是效率型变革策略以应对外部环境变化。在机会框架下，若没有强烈的驱动动机，组织不太可能冒险打破既有惯例而偏离现有胜任领域。沃斯等（Voss et al.，2008）通过对美国专业剧院的实证研究发现，高威胁显著降低了组织的效率型行为（Voss and Sirdeshmukh et al.，2008）。吉尔贝特（Gilbert，2005）通过对传统报纸媒体组织的研究发现，在缺乏威胁知觉的情况下，组织不太可能采纳威胁到现有客户的创新策略，取而代之的是聚焦于现有产品、技术和客户的渐进效率型创新。而当面临威胁时，组织更愿意投入创业型创新活动中，将创业型变革策略作为一种保护性姿态。基于以上，本章提出研究假设 5 -1a。

研究假设 5 -1a：高同行绩效落差促使高层管理者更强的威胁感知和更低的转机感知，进而促使中小制造企业倾向于采纳更活跃的创业型变革策略。

在威胁僵化观于看来（Sitkin and Pablo，1992；Staw et al.，1981），威胁意味着可能损失和对结果的失控，将导致组织风险规避行为，组织会将注意力集中于保护组织既有地位（Dutton and Jackson，1987）。组织将降低创新性创业活动的投入，转而尝试结果更可预测的活动以控制潜在损失。而机会情境强化了企业高管对组织获得成功结果和控制组织环境的预期，企业高管更可能鼓励风险性的创新活动和创业活动。因此，在威胁僵化视角看来，威胁识别可能导致组织表现出高水平的运营型活动。

此外，创业型变革策略和运营型变革策略并非互斥的，企业战略变革中可能并非单一地依赖其中一种策略，而可能选择采取两种策略的混合。如巴克和摩尼（1994）认为，运营型变革策略并非是贯穿战略变革过程始终的策略，皮尔斯和罗宾斯（1994）则认为，战略变革包含战略性要素和运营性要素，但运营型变革策略贯穿战略变革过程的始终。伯尼和米埃尔（2009）认为，运营型变革策略可能先于创业型变革策略发生，是较为有效的变革启动策略。我们认为，既有将创业型变革策略和运营型变革策略视为相互对立的策略模式可能存在误区，实际上两者并非互斥，而是可能同时存在的。换言之，企业行为理论、前景理论与威胁僵化理论各有适用的解释对象，企业行为理论和前景理论适用于解释创业型变革策略，而威胁僵化理论适合解释运营型变革策略。因此，根据威胁僵化的逻辑，本章在研究假设5－1a之余，还提出研究假设5－1b。

研究假设5－1b：高同行绩效落差促使高层管理者更强的威胁感知和更低的转机感知，进而促使中小制造企业倾向于采纳更活跃的运营型变革策略。

既有研究认为，根据前景理论推导出的研究假设与基于威胁僵化观推导出的研究假设是矛盾的，因此，不可能同时成立。其基本逻辑假设基于两点：（1）前景理论认为，在得的框架下，决策者倾向于保守，在失的框架下，决策者倾向冒险；而根据威胁—僵化观点，在面临威胁时，决策者倾向于在可控的领域采取行动，尽量控制潜在损失，因而倾向于保守。这两种理论对决策结果的预测是相反的，不会同时成立，否则矛盾。（2）假定决策者认为保守策略和冒险策略是互相排斥的，决策者不会同时选择保守策略和冒险策略，简单地排除了实施组合策略的可能。

我们认为：（1）尽管前景理论和威胁僵化观都是对人类风险行为进行解释，但解释基于的核心概念有所差异。前景理论基于风险概念，包含收益或损失（得或失）及其发生概率，而威胁僵化观则是基于威胁概念，不但包含了风险概念中的收益或损失（得或失）及其可能，还包含了负面、不可控等风险概念未纳入的内涵，情境的不可控和决策者控制结果的渴望是威胁僵化观非常强调的。在现实的战略选择中，决策者面对的环境既包含了风险性，也包含了风险性以外的诸如可控性、负面、转化度等特征，因而，由于两种理论观点解释的侧重点不同，它们可能是互补的，而非互斥的。（2）前景理论是基于个体水平的实验室研究提出的，采用了简单的决策任务情景。而战略选择是组织层面的，情境、任务、行为的复杂性要强得多，特别是组织往往采取组合策略来实现任务目标，现实的企业高管不大会选择单一的、极端的保守策略或冒险策略，而采用复合的、平衡的保守策略或冒险策略。因此，面对战略议题，企业高管可同时综合采用保守和冒险的行动策略。基于以上分析，本章认为研究假设 5 - 1a 和研究假设 5 - 1b 可能同时成立，因此，提出研究假设 5 - 1。

研究假设 5 - 1：高同行绩效落差促使高层管理者更强的威胁感知和更低的转机感知，进而促使中小制造企业倾向于同时采纳更活跃的创业型变革策略和运营型变革策略的组合。

5.2.2　资源冗余与变革策略选择

既有研究认为，威胁识别与组织行为之间的关系，可能受到其他变量的调节。组织资源（资源冗余）被认为是最关键的调节变量（Voss et al.，2008）。企业高管可将资源冗余用于企业危机时期的稳定工具和适应工具（Cyert and March，1992），作为“软垫（cushion）”任意配置应对威胁（Bourgeios，1981）。在面对威胁时，拥有充分资源冗余的企业在进行战略决策时可考虑通过将资源冗余投入核心业务中，促进或避免主要战略调整（Thompson，1967）。相反地，缺乏资源冗余的企业拥有的决策选项较少（Chattopadhyay et al.，2001）。因而，资源冗余可以缓解企业高管对不利情境的威胁识别，增强其对不利情境的转机识别，基于此，提出研究假设 5 - 2。

研究假设 5 - 2：资源冗余显著减缓了中小制造企业高层管理者的威胁感知，而显著增强其转机感知。

既已有研究认为，资源冗余能促进一系列创业型活动，如创新（Nohria and Gulati，1996）、风险承担（Singh，1986）和适应（Kraatz and Zajac，2001），高冗余水平促使组织采纳更活跃的创业型变革策略（Nohria and Gulati，1996；O'Brien，2003）。在绩效衰减情境下，持有冗余资源的组织感知到的扩张价值要远高于保存冗余资源的价值，组织会视运营型变革策略（作为一种防卫机制）为次优选项，而采取创业型变革策略的动机更强（Audia and Greve，2006），企业联盟意向也更高（Human and Provan，2000；Marino et al.，2007）。因此，本章提出并检验研究假设5－3。

研究假设5－3：资源冗余对中小制造企业变革策略（创业型变革策略和运营型变革策略）选择有显著正向影响。

5.2.3 规则聚焦与变革策略选择

企业可视为“高层管理者”的映像（Hambrick and Mason，1984）。因此，变革策略选择与高层管理团队的认知紧密关联。组织决策理论认为，人们依据自我规则系统进行选择、判断。自我规则系统是一种参照价值体系，起到激发人们追求理想目标状态或非理想目标状态的功能，帮助将“当前的现实自我”与“理想的目标状态”连接得更近，缩小两者差距。希金斯（Higgins，1987）提出了两类规则系统：促进聚焦（promotion focus）和预防聚焦（prevention focus）。

既有研究发现，这两种不同的高管团队规则聚焦与战略决策有紧密关联（Crowe and Higgins，1997；Liberman et al.，1999；Friedman and Forster，2001）。促进聚焦认知规则模式会诱发目标实现导向，并提升对目标的承诺度，使高管更注重经营环境中实现目标的机会，诱发渴求战略，具有更高的开放度，更看重高的击中率，因而，在绩效衰减引发的高管情境赋义中，形成更强的转机感知，更倾向于将资源冗余投向创业型变革策略；而预防聚焦会诱发回避目标的不匹配，并削弱对目标的承诺度，使高管形成一种警惕战略，看重高的安全率，偏好稳定，因而，在绩效衰减引发的高管情境赋义中，形成更强的威胁感知，更倾向于将资源冗余投向运营型变革策略。基于此，本章提出研究假设5－4、研究假设5－5。

研究假设5－4：规则聚焦调节了绩效落差（历史绩效落差和同行绩

效落差）与中小制造企业高层管理者的威胁感知和转机感知之间的关系；

研究假设 5－5：规则聚焦调节了资源冗余与中小制造企业高层管理者的创业型变革策略和运营型变革策略之间的关系。

综上论述，本章构建了如图 5－1 所示的理论研究模型。

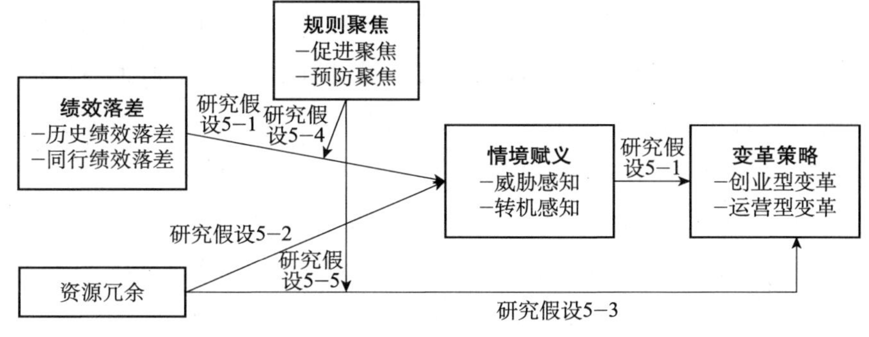

图 5－1　第 5 章研究理论模型

资料来源：笔者绘制。

5.3　研究设计

5.3.1　行业选择

行业选择综合考虑了本章研究框架检验中的情境嵌入度、测量信度以及检验效度等问题。由于行业环境之间存在巨大差异，本章研究框架的检验需要在尽量降低非观察异质性的同时，尽量增加各关键研究变量的异质性。选择同单一行业企业样本能够有效地降低非观察异质性问题，并可增加测量中的情境嵌入性，提升生态效度和测量信度。服装制造产业政策波动较为频繁，在这种转型变革背景下，环境动态性、模糊性、不确定性导致一系列威胁组织目标实现的因素出现，使企业高管不得不关注和考虑，容易产生较大变异。在这种环境下的企业变革策略，也有较大异质性。选择该产业的企业，有利于提高研究效度。

5.3.2 样本描述

本章以服装行业企业为研究对象，主要对以浙江省为主的长三角地区的服装企业进行了抽样调查。总共发放了350份成套问卷，回收问卷267套，问卷回收率为76.3%。剔除未收回问卷、问卷填写不全及大面积答项相同（如大面积题项填写同一个选项）的问卷，总共收回有效问卷244份，有效问卷率为69.7%。具体样本情况，见表5-1。企业成立时间分布在5年以下（38.93%）、5~10年（33.20%）、10年以上（27.87%），企业员工人数分布在50~100人（45.08%）、101~500人（31.97%）、501~1 000人（22.95%），企业销售收入分布在低于300万元（11.07%）、300万~2 000万元（45.90%）、2 000万~4亿元（43.03%）。

表5-1　　第5章企业样本情况统计分析

分类	子类	数量	百分比（%）	分类	子类	数量	百分比（%）
成立年限	5年以下	95	38.93	员工数量	50~100人	110	45.08
	5~10年	81	33.20		101~500人	78	31.97
	10年以上	68	27.87		501~1 000人	56	22.95
销售规模	300万元以下	27	11.07	所在省市	浙江	213	87.30
	300万~2 000万元	112	45.90		江苏	24	9.84
	2 000万~4亿元	105	43.03		上海	7	2.87

资料来源：笔者根据样本数据的SPSS统计分析结果整理而得。

5.3.3 变量测量指标

变革策略测量的是企业在观测年度t_0内所实施的变革活动，包括运营型变革策略和创业型变革策略，量表是在参考既有研究文献中的相关问卷（He and Wang，2004；Steensma et al.，2000；Zahra，2005）基础上改编而成的，共包含十个测量项目，使用李克特六点量表进行测量，运营型变革策略和创业型变革策略分别包含五个测量问项。

绩效落差反映企业在观测年度前一年度t_{-1}的绩效相较于前两年度t_{-2}

的绩效衰减程度，采用企业自我主观报告形式测量。量表采用自编量表，包含八个测量项目，分别分布在历史绩效落差和同行绩效落差两个维度，使用李克特六点量表进行测量。

情境赋义测量企业高层管理者对观测年度前一年度 t_{-1} 的绩效落差的认知判断，改编自梅胜军（2011）的危机情境感知量表，包含威胁感知和转机感知两个维度，共计三个测量项目，使用李克特六点量表进行测量。

资源冗余测量企业在观测年度 t_0 的可用资源拥有水平。采用主观评价方法测量，量表采用查特吉等（Chattopadhyay et al.，2001）编制的单维资源冗余测量工具，包含三个测量项目，使用李克特六点量表进行测量。

规则聚焦量表测量企业高层管理者团队在观测年度 t_0 的决策规则倾向，量表改编自卡梅伦和奎因（2011）基于组织层面提出的量表，包含促进聚焦和规则聚焦两个维度，共计六个测量项目，每个维度包含三个测量项目，也使用李克特六点量表进行测量。

最后，参照已有研究，企业年龄和企业规模都可能影响企业的战略变革活动，为此将它们作为控制变量加以控制。其中，企业年龄以企业创始年份至今的年数衡量，企业规模则以上年度企业平均员工数量的自然对数值来反映。

5.3.4　测量模型检验

（1）信度检验和效度检验。采用 SPSS 20.0 软件对研究变量的测量信度进行检验。检验结果如表 5－2 所示，各个变量的 Cronbach's α 基本上都大于或接近 0.7，说明各个变量都具有可接受的信度。同时，使用 A-MOS 19.0 软件对研究中涉及的核心变量进行验证性分析，结果显示，各个变量测量题项的因子负荷均大于 0.5，表明各变量具有较好的聚合效度。此外，各变量的 AVE 平方根均大于变量与其他变量的相关系数，表明本章所涉及的核心变量均具有较好的区分效度。

表 5-2　　第 5 章变量的信度检验和效度检验

测量变量	测量题项	载荷	AVE 平方根	α 值
变革策略	研究开发新产品	0.735	0.685	0.715
	扩展产品范围	0.792		
	试图开发新技术领域	0.583		
	商业化新产品和服务	0.596		
	满足已有产品和服务之外的需求	0.669		
	改进已有产品质量	0.571		
	降低内部生产成本	0.699		
	优化组织管理和生产运作	0.685		
	完善和改进已有产品	0.729		
	提高生产效率或降低原料成本及能源消耗	0.754		
绩效落差	与上年度相比，销售额下降程度	0.656	0.722	0.732
	与上年度相比，市场份额下降程度	0.658		
	与上年度相比，净利润下降程度	0.644		
	与同行主要竞争对手相比，销售额下降程度	0.812		
	与同行主要竞争对手相比，市场份额下降程度	0.837		
	与同行主要竞争对手相比，净利润下降程度	0.702		
情境赋义	企业发展形势严峻程度	0.652	0.706	0.711
	受到竞争等外部环境变化的冲击程度	0.793		
	企业竞争力受到威胁的程度	0.601		
	企业未来发展机会空间大小	0.792		
	企业未来化危为机的可能性	0.758		
	企业把握未来机遇的准备状态	0.613		
资源冗余	公司获取充足资金进行生产经营的难易程度	0.836	0.803	0.776
	公司获取成长和扩张所需资源的难易程度	0.793		
	公司战略实施所需资源的充足性程度	0.780		
规则聚焦	公司高层团队鼓励创新	0.745	0.686	0.723
	公司高层团队强调不断迎接新挑战、寻找新机会	0.822		
	公司高层团队倾向于承担风险、敢为人先	0.571		
	公司高层团队严格控制风险、照章办事	0.542		
	公司高层团队强调持久和稳定	0.718		
	公司高层团队强调经营的安全可控	0.674		

资料来源：笔者根据样本数据的 SPSS 统计分析结果整理而得。

（2）共同方法偏差检验。共同方法偏差对变量关系产生重要影响，降低假设检验的可信度，为此，在进行变量关系分析之前，本章采用 Harman 单因素检验方法对测量数据进行了共同方法检验。采用的是主成分分析法，运用陡阶抽取因素，使用 Varimax 方法对因素参照轴进行旋转，在对包含 31 个测量项目、244 个样本的创业型性因子分析后发现，KMO = 0.81，Bartllett 球体检验 Sig. = 0.00，共析出 10 个因子，解释了 74.59% 的总方差。其中，解释变异最高的因子仅解释了 8.12% 的总体变异，解释变异最低的因子解释了 4.59% 的总体变异，说明共同方法偏差并不显著。

5.4　实证分析结果

5.4.1　描述性统计和相关分析结果

为了揭示各变量之间的内在关系，对绩效衰减、资源冗余、情境赋义、变革策略和规则聚焦等变量进行了相关分析。本章将以下变量纳入相关分析：（1）企业年龄；（2）企业规模；（3）同行绩效落差；（4）历史绩效落差；（5）资源冗余；（6）威胁感知；（7）转机感知；（8）运营型变革策略；（9）创业型变革策略；（10）促进聚焦；（11）预防聚焦。相关分析结果，参见表 5 – 3。

5.4.2　情境赋义的回归分析结果

采用层次回归分析法对本章所提假设进行统计检验。先对威胁感知进行回归分析，分别检验了直接效应模型（模型 1）和交互效应模型（模型 2），具体结果如表 5 – 4 所示。在回归分析前，对历史绩效落差、同行绩效落差、促进聚焦和预防聚焦进行了中心化处理，历史绩效落差分别与促进聚焦和预防聚焦的乘积项，以及同行绩效落差分别与促进聚焦和预防聚焦的乘积项，均为中心化处理之后的计算值。

表 5-3 第 5 章变量描述统计分析和相关分析结果

变量	均值	标准差	1	2	3	4	5	6	7	8	9	10
1. 企业年龄	7.02	5.79	1									
2. 企业规模	1.77	0.76	0.11	1								
3. 同行绩效落差	3.61	0.94	-0.08	-0.02	1							
4. 历史绩效落差	3.88	0.83	0.12	0.09	0.32**	1						
5. 资源冗余	3.05	0.66	0.07	0.11	-0.05	0.01	1					
6. 威胁感知	3.36	0.99	-0.09	0.07	0.35**	0.20**	-0.34**	1				
7. 转机感知	3.73	1.05	0.10	0.07	-0.28**	-0.21**	0.25**	-0.09	1			
8. 运营型变革策略	3.27	0.96	0.13	0.05	0.37**	0.19*	0.19*	0.41**	0.19*	1		
9. 创业型变革策略	3.29	0.87	0.06	0.04	0.31**	0.16*	0.24**	0.24**	0.34**	-0.18*	1	
10. 促进聚焦	3.80	0.67	-0.04	0.14	-0.08	-0.07	-0.13	-0.22**	0.29**	-0.19*	0.29**	1
11. 预防聚焦	4.16	0.82	0.04	0.16	-0.10	0.12	0.22**	0.24**	-0.16**	0.08	-0.22**	-0.30**

注：*、** 分别表示在5%、1%的显著性水平上显著。

资料来源：笔者根据样本数据的 SPSS 统计分析结果整理而得。

表5-4　　威胁感知的回归分析结果

变量	威胁感知	
	模型1（直接效应模型）	模型2（交互效应模型）
控制变量		
企业年龄	-0.04	-0.03
企业规模	0.05	0.03
直接效应		
历史绩效落差	0.17**	0.14**
同行绩效落差	0.35**	0.23**
资源冗余	-0.29**	-0.23**
交互效应		
历史绩效落差×促进聚焦	—	-0.15**
历史绩效落差×预防聚焦	—	0.05
同行绩效落差×促进聚焦	—	-0.14**
同行绩效落差×预防聚焦	—	0.19**
F	15.47**	18.31**
R^2	0.34	0.41
ΔR^2	—	0.07**

注：*、** 分别表示在5%、1%的显著性水平上显著。"—"表示无数据。
资料来源：笔者根据样本数据的SPSS统计分析结果整理而得。

在表5-4中，模型1纳入了企业年龄和企业规模在内的常规控制变量，以及历史绩效落差、同行绩效落差、资源冗余等自变量。模型1的回归结果表明，回归方程统计显著（$R^2=0.34$，$F=15.47$，$p<0.01$），历史绩效落差（$\beta=0.17$，$p<0.01$）和同行绩效落差（$\beta=0.35$，$p<0.01$）都对中小制造企业高层管理团队威胁感知产生显著的正向影响，因此，研究假设5-1a得到部分验证。结果还显示，资源冗余（$\beta=-0.29$，$p<0.01$）对中小制造企业高层管理团队威胁感知有显著的负向影响，研究假设5-2得到部分验证。

为了检验规则聚焦的调节效应，在表5-4中，模型2是在模型1的基础上，加入了历史绩效落差分别与促进聚焦和预防聚焦的乘积项，以及同行绩效落差分别与促进聚焦和预防聚焦的乘积项。模型2的回归结果表明，回归方程统计显著（$R^2=0.41$，$F=18.31$，$p<0.01$）。对比模

型2与模型1的实证分析结果可以看出，在增加了四个交互项之后，模型2的 R^2 有了显著性增加（$\Delta R^2=0.07$，$\Delta F=2.84$，$p<0.01$）。

历史绩效落差与聚焦的乘积项（$\beta=-0.15$，$p<0.01$）、同行绩效落差与促进聚焦的乘积项（$\beta=-0.14$，$p<0.01$）、同行绩效落差与预防聚焦（$\beta=0.19$，$p<0.01$）的乘积项回归系数统计上显著，表明促进聚焦显著负向调节了历史绩效落差和同行绩效落差与威胁感知之间的关系，而预防聚焦则显著正向调节了同行绩效落差与威胁感知之间的关系。历史绩效落差与预防聚焦交互项的回归系数为0.05，但统计结果不显著，表明预防聚焦对历史绩效落差与中小制造企业高管威胁感知之间的调节作用不显著，研究假设5－4得到部分验证。

接着，对转机感知进行回归分析，也分别检验了直接效应模型（模型3）和交互效应模型（模型4），具体结果如表5－5所示。在回归分析前，对历史绩效落差、同行绩效落差、促进聚焦和预防聚焦进行了中心化处理，历史绩效落差分别与促进聚焦和预防聚焦的乘积项，以及同行绩效落差分别与促进聚焦和预防聚焦的乘积项，均为中心化处理之后的计算值。

表5－5　转机感知的回归分析结果

变量	转机感知	
	模型3（直接效应模型）	模型4（交互效应模型）
控制变量		
企业年龄	0.03	0.02
企业规模	0.04	0.03
直接效应		
历史绩效落差	－0.19**	－0.15**
同行绩效落差	－0.25**	－0.21**
资源冗余	0.23**	0.22**
交互效应		
历史绩效落差×促进聚焦	—	0.17**
历史绩效落差×预防聚焦	—	－0.07

续表

变量	转机感知	
	模型 3（直接效应模型）	模型 4（交互效应模型）
同行绩效落差 × 促进聚焦	—	0. 15 **
同行绩效落差 × 预防聚焦	—	-0. 09
F	13. 39 **	16. 42 **
R^2	0. 27	0. 35
ΔR^2	—	0. 08 **

注：*、** 分别表示在 5%、1% 显著性水平上显著。“—”表示无数据。

资料来源：笔者根据样本数据的 SPSS 统计分析结果整理而得。

在表 5-5 中，模型 3 纳入了企业年龄和企业规模在内的常规控制变量，以及历史绩效落差、同行绩效落差、资源冗余等自变量。模型 3 的回归结果表明，回归方程统计显著（$R^2=0.27$，$F=13.39$，$p<0.01$），历史绩效落差（$\beta=-0.19$，$p<0.01$）和同行绩效落差（$\beta=-0.25$，$p<0.01$）都对中小制造企业高层管理团队转机感知产生显著的负向影响，因此，研究假设 5-1a 得到部分验证。结果还显示，资源冗余（$\beta=0.23$，$p<0.01$）对中小制造企业高层管理团队转机感知有显著正向影响，研究假设 5-2 得到部分验证。

为了检验规则聚焦的调节效应，在表 5-5 中，模型 4 是在模型 3 的基础上，加入了历史绩效落差分别与促进聚焦和预防聚焦的乘积项，以及同行绩效落差分别与促进聚焦和预防聚焦的乘积项。模型 4 的回归结果表明，回归方程统计显著（$R^2=0.35$，$F=16.42$，$p<0.01$）。对比模型 4 与模型 3 的实证分析结果可以看出，在增加了四个交互项之后，模型 4 的 R^2 有了显著性增加（$\Delta R^2=0.08$，$\Delta F=3.03$，$p<0.01$）。

历史绩效落差与促进聚焦的乘积项（$\beta=0.17$，$p<0.01$）、同行绩效落差与促进聚焦的乘积项（$\beta=0.15$，$p<0.01$）回归系数统计上显著，表明促进聚焦显著负向调节了历史绩效落差和同行绩效落差与转机感知之间的关系。历史绩效落差与预防聚焦、同行绩效落差与促进预防聚焦的乘积项的回归系数统计结果不显著，表明预防聚焦对历史绩效落差、

同行绩效落差与中小制造企业高管转机感知之间的调节作用不显著，研究假设 5－4 得到部分验证。

5.4.3 变革策略的回归分析结果

接下来，对创业型变革策略进行回归分析，分别检验了将控制变量企业年龄和企业规模，以及同行绩效落差、历史绩效落差和资源冗余纳入回归分析的直接效应模型（模型 5），再增加绩效落差分别与促进聚焦和预防聚焦的乘积项，以及资源冗余分别与促进聚焦和预防聚焦的乘积项的交互效应模型（模型 6），最后，将威胁感知和转机感知纳入中介效应模型（模型 7）。回归分析结果，见表 5－6。

表 5－6　　创业型变革策略和运营型变革策略的回归分析结果

变量	创业型变革策略			运营型变革策略		
	模型 5	模型 6	模型 7	模型 8	模型 9	模型 10
控制变量						
企业年龄	0.03	0.02	0.02	0.07	0.05	0.04
企业规模	0.02	0.01	0.01	0.02	0.001	0.01
直接效应						
历史绩效落差	0.14	0.12	0.08	0.18**	0.15*	0.14
同行绩效落差	0.28**	0.26**	0.14	0.13	0.11	0.09
资源冗余	0.23**	0.36**	0.23**	0.16*	0.15*	0.15*
交互效应						
促进聚焦×资源冗余	—	0.17*	0.15*	—	－0.09	－0.03
预防聚焦×资源冗余	—	－0.08	－0.05	—	－0.02	－0.01
促进聚焦×历史绩效落差	—	－0.04	－0.02	—	0.04	0.03
促进聚焦×同行绩效落差	—	－0.02	－0.01	—	－0.03	0.02
预防聚焦×同行绩效落差	—	0.01	0.03	—	0.12	－0.00
预防聚焦×同行绩效落差	—	0.06	0.08	—	－0.01	－0.00
中介效应						
威胁感知	—	—	0.22**	—	—	0.37**
转机感知	—	—	0.31**	—	—	0.15*
F	9.79**	10.08**	13.23**	7.15**	8.55**	10.22**
R^2	0.21	0.25	0.33	0.22	0.24	0.29
ΔR^2	—	0.02*	0.08**	—	0.02*	0.05**

注：*、** 分别表示在 5%、1% 显著性水平显著，“—”表示无数据。

资料来源：笔者根据样本数据的 SPSS 统计分析结果整理而得。

在表5－6中，模型6的回归方程显著（$R^2=0.25$，$F=10.08$，$p<0.01$），同行绩效落差（$\beta=0.26$，$p<0.01$）、资源冗余（$\beta=0.36$，$p<0.01$）、促进聚焦×资源冗余的乘积项（$\beta=0.17$，$p<0.05$）回归系数显著，说明同行绩效落差、资源冗余对创业型变革策略有显著正向影响，促进聚焦在资源冗余与创业型变革策略之间起到正向调节作用。研究假设5－1a得到部分验证，研究假设5－3、研究假设5－5得到部分验证。

在表5－6中，模型7增加了中介变量威胁感知和转机感知，回归方程显著（$R^2=0.33$，$F=13.23$，$p<0.01$），对比模型7与模型6的分析结果可以看出，在增加了两个中介变量之后，模型7的R^2有了显著性的增加（$\Delta R^2=0.08$，$\Delta F=3.15$，$p<0.01$）。威胁感知（$\beta=0.22$，$p<0.01$）、转机感知（$\beta=0.31$，$p<0.01$）的回归系数显著，说明威胁感知和转机感知对创业型变革策略有显著的正向促进作用，研究假设1a得到部分验证；而同行绩效落差的回归系数变得不再显著，结合之前的回归分析结果，说明威胁感知和转机感知在同行绩效落差对创业型变革策略的影响中起到完全中介作用，研究假设5－1a得到验证。

资源冗余（$\beta=0.23$，$p<0.01$）、促进聚焦×资源冗余的乘积项（$\beta=0.15$，$p<0.05$）回归系数依然显著，说明同行绩效落差、资源冗余对创业型变革策略有显著的直接正向影响，研究假设5－3继续得到验证，研究假设5－5进一步得到部分验证。

对运营型变革策略进行了回归分析。分别检验了将控制变量企业年龄和企业规模，以及同行绩效落差、历史绩效落差和资源冗余纳入回归分析的直接效应模型（模型8），再增加绩效落差分别与促进聚焦和预防聚焦乘积项，以及资源冗余分别与促进聚焦和预防聚焦乘积项的交互效应模型（模型9），最后，将威胁感知和转机感知纳入中介效应模型（模型10）。回归分析结果，见表5－6。

从分析结果看，在表5－6中，模型9的回归方程显著（$R^2=0.24$，$F=8.55$，$p<0.01$），历史绩效落差（$\beta=0.15$，$p<0.05$）、资源冗余（$\beta=0.15$，$p<0.05$）回归系数显著，这说明，历史绩效落差、资源冗余

对运营型变革策略有显著的正向影响。研究假设 5 - 1b 得到部分验证，研究假设 5 - 3 得到部分验证。

在表 5 - 6 中，模型 10 增加了中介变量威胁感知和转机感知，回归方程显著（$R^2 = 0.29$，$F = 10.22$，$p < 0.01$），对比模型 10 与模型 9 的分析结果可以看出，在增加了两个中介变量之后，模型 10 的 R^2 有了显著性增加（$\Delta R^2 = 0.05$，$\Delta F = 1.67$，$p < 0.01$）。威胁感知（$\beta = 0.37$，$p < 0.01$）、转机感知（$\beta = 0.15$，$p < 0.05$）的回归系数显著，说明威胁感知和转机感知对运营型变革策略有显著的正向促进作用，研究假设 5 - 1b 得到部分验证。而历史绩效落差的回归系数变得不再显著，结合之前的回归分析结果，说明威胁感知和转机感知在历史绩效落差对运营型变革策略的影响中起到完全中介作用，研究假设 5 - 1b 得到验证。资源冗余（$\beta = 0.15$，$p < 0.05$）回归系数依然显著，说明资源冗余对运营型变革策略有显著的直接正向影响，研究假设 5 - 3 继续得到验证。

综合以上统计分析结果，本章研究假设的检验结果汇总，如表 5 - 7 所示。研究假设 5 - 1a、研究假设 5 - 1b、研究假设 5 - 1、研究假设 5 - 2、研究假设 5 - 3、都得到了实证分析结果的支持，而研究假设 5 - 4、研究假设 5 - 5 得到了实证分析结果的部分支持。

表 5 - 7　　第 5 章研究假设验证结果

研究假设编号	假设	验证
研究假设 5 - 1a	高同行绩效落差促使高层管理者更强的威胁感知和更低的转机感知，进而促使中小制造企业倾向于采纳更活跃的创业型变革策略	支持
研究假设 5 - 1b	高同行绩效落差促使高层管理者更强的威胁感知和更低的转机感知，进而促使中小制造企业倾向于采纳更活跃的运营型变革策略	支持
研究假设 5 - 1	高同行绩效落差促使高层管理者更强的威胁感知和更低的转机感知，进而促使中小制造企业倾向于同时采纳更活跃的创业型变革策略和运营型变革策略的组合	支持
研究假设 5 - 2	资源冗余显著减缓了中小制造企业高层管理者的威胁感知，而显著增强其转机感知	支持
研究假设 5 - 3	资源冗余对中小制造企业变革策略（创业型变革策略和运营型变革策略）选择有显著正向影响	支持

续表

研究假设编号	假设	验证
研究假设 5－4	规则聚焦调节了绩效落差（历史绩效落差和同行绩效落差）与中小制造企业高层管理者的威胁感知和转机感知之间的关系	部分支持
研究假设 5－5	规则聚焦调节了资源冗余与中小制造企业高层管理者的创业型变革策略和运营型变革策略之间的关系	部分支持

资料来源：笔者根据上文统计分析结果整理而得。

5.5　结论与建议

5.5.1　结论与讨论

本章研究综合企业行为理论、前景理论和威胁僵化理论等观点，通过区分历史绩效落差、同行绩效落差两种不同性质的绩效衰减，同时，将运营型变革策略与创业型变革策略从互斥的对立策略，转变为不再截然对立。而是可以同时实施的两种变革策略，纳入代表中小制造企业高层管理者认知的情境赋义和规则聚焦两个变量，构建了新的 CPE-C-P 整体分析框架，以更系统、客观地揭示企业变革策略选择机制，并通过服装行业的 244 家中小制造企业追踪问卷调查数据，实证检验了该研究模型，主要得到以下五点结论。

第一，绩效衰减能促使中小制造企业采取全面的变革策略组合。前景理论认为，威胁情境下组织倾向于采取冒险的行为策略，威胁僵化观认为，威胁情境下组织倾向于采取保守的行为策略。而本章则揭示出，企业高管在面临绩效衰减的情景中，一般同时采取了保守和冒险两种行为策略组合。说明在他们的行为逻辑中，保守行为策略和冒险行为策略并非截然对立，只能选择其一的。因此，从保守行为观察的角度，威胁僵化观的逻辑是成立的，而从冒险行为观察角度，前景理论和企业行为理论的逻辑也是成立的，并不能以威胁僵化观的逻辑去否定前景理论和企业行为理论的逻辑。企业变革是复杂的行为过程，两者的差异只是因为观测角度不同而已，前景理论和威胁僵化理论互为补充地解释和预测了企业变革策略选择机制。

第二，同行绩效落差促使中小制造企业采纳更活跃的创业型变革策略，高层管理者的情境赋义在两者之间起到完全中介作用。前景理论认为，与机会框架相比，威胁框架下的企业高管更强调战略行为的收益性，更倾向于采取冒险行为（Kahneman and Tversky，1979）。根据该观点，在绩效衰减情境下，企业更愿意投入探索创新和外部网络协作活动中，更倾向于采取风险性更高的创业型变革策略。本章研究结论揭示出，当企业绩效低于社会绩效时，企业更倾向于冒险，前景理论更能解释企业的社会绩效差距对企业变革策略选择的影响。

第三，历史绩效落差促使中小制造企业采纳更活跃的运营型变革策略，高层管理者的情境赋义在两者之间起到完全中介作用。在威胁僵化理论看来，绩效衰减意味着威胁，将导致风险规避行为，组织会将注意力集中于保护既有地位（Sitkin and Pablo，1992；Staw et al.，1981；Dutton and Jackson，1987），甚至出现对既有策略的承诺升级（Staw et al.，1981）。因此，在绩效衰减情境下，企业倾向于降低高风险性的创新性创业活动的投入，转而尝试结果更具可预测性的运营型变革策略。可见，当企业绩效低于历史绩效水平时，企业更倾向于保护既有地位，威胁僵化理论更能解释中小制造企业的历史绩效落差对变革策略选择的影响。

第四，资源冗余同时促进了中小制造企业对创业型变革策略和运营型变革策略的选择。一方面，资源冗余显著地促进了中小制造企业对创业型变革策略的选择，资源冗余的作用对创业型行为尤为关键。在绩效衰减情况下，组织所拥有的资源越多，企业高管越倾向于采用创业型行为策略。这与既有部分研究观点基本一致，企业高管可将资源冗余用于企业危机时期的稳定和适应（Cyert and March，1992），作为“软垫”任意配置应对威胁，促使管理者考虑以创业型模式运用资源冗余发展新的战略选项。另一方面，资源冗余也促进了中小制造企业对运营型变革策略的选用。这也与另一部分研究结论类似，如谭和斯（Tan and See，2004）对亚洲金融危机背景下新加坡企业样本的分析发现，冗余水平较高的企业更可能采取防御性的威胁应对策略。

第五，促进聚焦在绩效衰减、资源冗余对中小制造企业变革策略选择中起到调节作用。一方面，促进聚焦和资源冗余交互促进了创业型变革策略的选择；另一方面，促进聚焦显著负向调节了历史绩效落差、同行绩效落差对高层管理者威胁感知的作用，正向调节了历史绩效落差、同行绩效落差对高层管理者转机感知的作用，预防聚焦则正向调节了同行绩效落差对高层管理者威胁感知的作用。可见，作为企业资源配置的决策者，规则聚焦会对高管团队的绩效衰减的情境赋义，以及资源冗余的配置方向产生极其重要的影响。促进聚焦促使企业高管更乐观地看待绩效衰减情境，也会使企业资源更多地投入更具风险性的创业型活动中。

5.5.2　管理启示

以上研究结论有以下三点管理启示。

首先，尽管研究证实绩效衰减能推动中小制造企业同时采取创业型变革策略和运营型变革策略组合，但尤其需要关注的是，历史绩效落差促使中小制造企业更关注企业内部运营效率，而对探索性创新等创业型变革的关注度不足，由此可能陷入战略决策过度“自我参照”的误区，忽视行业长期竞争和变革趋势，而容易丧失转型升级和创新变革的先机；另外，同行绩效落差促使中小制造企业倾向于采用冒险性强的创业型变革策略，容易给企业带来更高的风险和不确定性，需要企业高层管理者进行良好的风险管控。

其次，无论是运营型变革策略还是创业型变革策略，其成功实施都离不开企业资源的足够投入。研究显示，资源冗余同时促进了中小制造企业对创业型变革策略和运营型变革策略的选择，在企业面临绩效衰减等逆境情形下，资源冗余为企业扭转不利发展趋势、实现企业重振提供了缓冲空间和战略可能。因此，在中小制造企业发展成长过程中，应当管理好企业冗余资源，特别是在宏观经济环境恶化、产业竞争加剧导致行业利润率不断下滑的情形下，适当积累、保留一定的资源冗余，能有效地增强企业组织韧性，为企业尽早走出逆境、把握未来新发展机会奠定资源基础。

最后，中小制造企业高层管理者的规则聚焦对变革策略选择有重要影响，企业高层管理者秉持的是“预防”思维还是“促进”思维，决定了企业资源的配置方向是更多投向运营型变革策略还是创业型变革策略，也影响绩效衰减对变革策略选择的方向。因此，作为中小制造企业战略决策者，需要回顾在企业战略决策过程中内隐的规则聚焦偏向，反思是否陷入了“预防聚焦”的决策思维惯性陷阱，从而在思维格局上局限了变革策略选择，无意中为企业发展打造了“玻璃天花板”，限制了企业发展前景。

5.5.3 研究不足与未来展望

尽管本章研究取得了一定理论进展，主要结论也有一定实践指导价值，但仍然存在诸多不足。首先，出于研究需要，本章研究主要集中于服装制造行业，以尽量降低非观测异质性导致的研究结果偏差，但也使得研究的结论可能存在行业的特定性，相关结论难以轻易地推广至其他行业；其次，问卷调查时也存在一定的局限，一方面，部分样本采用了方便采样的方法，降低了样本的随机性；另一方面，样本主要集中在中小企业，且由于取样难度以及研究成本等考虑，选取的样本分布在几个特定地域。

本章研究的重点是探讨企业战略变革中的情境决定因素，而对其他影响因素缺乏关注，未来可继续纳入更多变量，分析企业变革策略的其他关键前因。例如，未来研究可纳入其他高层管理者认知变量，如控制点、情景聚焦等，以及纳入诸如社会网络等更广义的资源水平变量进行分析，还可以细化组织资源分类，研究不同类型的组织资源与绩效衰减对战略选择的影响。

第6章　多重参照依赖与中小制造企业变革策略选择机制

6.1　研究背景与研究问题

有限理性理论认为，组织在决策时往往隐含着一定的参考标准，对决策方案及其结果进行评价和判断时，也是以某个参考标准为依据的，也就是说，组织决策是参照依赖的。基于有限理性假设，现有研究已经验证了绩效衰减对企业变革策略选择的两种效应。

一是绩效衰减提高了企业战略变革决策的冒险性，企业倾向于选择更具冒险性的创业型战略，并运用前景理论（prospect theory）进行解释。如，鲍曼（Bowman，1984）实证发现，绩效较差的企业倾向于更加冒险，并首次运用前景理论解释其决策机制。随后，菲根豪姆和托马斯（Fiegenbaum and Thomas，1988）对美国47个产业的2322家企业进行了分时间段分析，进一步支持期望理论在企业层面的解释力，以及不同产业和时段中解释的稳健性。此后，这一效应的实证证据一直涌现至今（e. g. Jegers，1991；Bromiley，1991；Lehner，2000；Chattopadhyay，Glick and Huber，2001；Markovitch，Steckel and Yeung，2005；Bartol et al.，2008；Bromiley，2009）。

二是绩效衰减提高了企业战略变革决策的保守性，企业倾向于采纳更具可控性的运营型战略，并采用威胁僵化理论（threat rigidity perspective）进行阐释。根据该理论，在威胁情境下，为了抵消负面知觉，企业高管更倾向于选择在组织可控域内行动，采取风险规避行为。这一偏向效应的实证证据也陆续涌现（e. g. Sitkin and Pablo，1992；Barker and Patterson，1996；Chattopadhyay et al.，2001；Shimizu，2007）。两类证据都证实了绩效衰减企业战略选择的参照依赖效应，但两类证据证实的两种效应方向完全相反，两者的争论至今仍困扰着学术界。能否构建整合前景理论和威胁僵化理论两种观点的新解释框架，成为当前企业变革策略选择研究的前沿问题（Shimizu，2007；Schmitt and Raisch，2013）。

突破上述难题的关键在于，对单一参照点的多重拓展。前景理论以参照点划分价值区间，发展了传统的决策理论，进而成为经济、管理和行为决策领域中最著名的理论之一。但由于前景理论仅包含单一参照点，并不总是符合企业决策基于多个参照标准（多重参照）的事实，因而注定其在预测、解释组织层面复杂的战略决策时存在较大局限。为了打破这一局限，最近学界开始探索从单一参照点拓展至多重参照点，使理论前提更符合组织决策的实际情形，从而拓展理论的解释效力（Holmes et al.，2011）。如，战略管理学者提出了战略参照点理论（Bamberger and Fiegenbaum，1996；Fiegenbaum Hart and Schendel，1996），行为决策学者提出了多重参照点理论（陆静怡、谢晓非和唐鑫，2013；王晓田和王鹏，2013）。这些参照依赖研究的最新进展，为发展一个新的理论框架，同时解释企业变革策略的两种选择偏向效应产生机制，奠定了理论基础。

基于多重参照依赖的观点来检验绩效衰减与制造企业变革策略选择之间的关系，将有助于化解基于前景理论和威胁僵化理论两种逻辑的理论争端，构建一个统一的理论框架，来解释导致两种不同变革策略选择偏向的内在机理。在第 5 章研究中，我们已经统合了前景理论中的单参照点和威胁僵化理论中的另一个单参照点，验证了双参照点理论在解释中小制造企业变革策略选择倾向中的效度。本章将在第 5 章研究的基础上，结合企业行为理论、前景理论、威胁僵化理论及多重参照点理论的最新进展，将双参照点理论进一步拓展至多参照点模型，并通过收集企业问卷调查数据，实证检验多参照点理论模型下绩效衰减对中小制造企业变革策略选择的影响，以及该影响的内在机制。

6.2 多重参照依赖与中小制造企业变革选择相关文献综述与研究假设

参照依赖效应的实证结论相互矛盾，理论解释完全不同。究其原因，是现有理论（前景理论和威胁僵化理论）内在地假定企业是基于单一参照点来进行战略决策。如前景理论假定企业基于当期绩效这一决策线索来选择下期战略行动，绩效衰减情境下（处于“失/损失”的框架）企业更强调下期战略行动的“得/收益”，因而更倾向于冒险。显然，这过于简化了实际企业战略决策中的参照线索，导致这些理论在解释企业战略决策方面存在较大局限。

本章将组织战略决策从单一参照假设扩展至多重参照假设。基于菲根豪姆和哈特等（Fiegenbaum and Hart et al.，1996）提出的三维度战略参照点理论和行为决策领域的多重参照点理论（陆静怡、谢晓非和唐鑫，2013；王晓田和王鹏，2013），基于目标参照、历史参照和同行参照的三维度（Fiegenbaum and Hart et al.，1996），将绩效衰减这一事件本身的显著性划分为三个衡量特征——目标绩效落差、历史绩效落差、同行绩效落差，实证验证了绩效下滑制造企业主要基于目标参照、历史参照和同行参照三种决策线索进行战略选择，目标参照、历史参照和同行参照构成一个三维度的战略决策参照系。研究发现，多重参照依赖程度（目标参照依赖、历史参照依赖、同行参照依赖）和绩效衰减程度（目标绩效落差、历史绩效落差、同行绩效落差）交互影响了制造企业 TMT 的注意力配置以及变革策略选择，进而影响了企业的后续绩效。最终，发展出一个新的理论框架，同时解释企业变革策略的两种选择偏向效应产生机制。

此外，现有研究多注重检验绩效衰减对企业变革策略选择偏向的影响，并运用前景理论或威胁僵化理论来解释选择偏向产生的内在机理（即“为什么”的问题），但不仅研究结论不统一，而且未能揭示绩效衰减和参照依赖对制造企业变革策略选择的作用过程（即“如何”的问题）。企业注意力基础观的研究已经初步证实，TMT 注意力在企业环境变化与企业战略选择之间具有中介作用，这为打开绩效衰减制造企业变革策略选择参照依赖效应过程机制的“黑箱”提供了思路。本章在注意力基础观研究的基础上，进一步提出并实证验证了制造企业 TMT 注意力配置在多重参照依赖程度（目标参照依赖、历史参照依赖、同行参照依赖）和绩效衰减程度（目标绩效落差、历史绩效落差、同行绩效落差）影响企业变革策略选择过程中所起到的中介作用。从而基于注意力基础观，解释了绩效衰减、多重参照依赖对战略选择影响的内在机理。

最后，以往多认为运营型和创业型两种变革策略是彼此独立（Schmitt and Raisch，2013）的甚至是互斥的（Pearce and Robbins，2008）。学者们建议企业二者择其一（e. g. Hofer，1980；Schendel et al.，1976），或者分阶段地选用其一（e. g. Bruton et al.，2003；Robbins and Pearce，1992）。但这种观点也被认为过于简化了企业变革策略的复杂性（Schmitt and Raisch，2013），也有悖于组织双元性的思想和证据（O'Reilly and Tushman，2013）。在现实中，企业战略变革具有高度动态复杂性，企业可能选择运营型战略和创业型战略中的一个，也可能两者兼顾、各有侧重，采用“多管齐下”的组合式战略。新近研究开始将两者视作可同生共存（Schmitt and Raisch，2013）、彼此交互（Lohrke et al.，2012）的一对矛盾体，并关注两者的交互效应。本章基于上述研究的新进展与新趋势，在二元共存视角下，承认创业型战略和效率型战略的双元矛盾性和互补性（Schmitt and Raisch，2013），实证考察了它们对企业后续绩效的主效应、交互效应，验证了创业型变革策略和运营型变革策略对企业战略变革都具有积极效果，而创业型变革策略和运营型变革策略的组合运用对企业绩效提升有显著的交互作用，从而厘清了不同变革策略及组合功效。

6.2.1 绩效衰减中小制造企业的参照依赖及其对 TMT 注意力的框定

正如前文所述，现有研究已经证实，绩效衰减情境下企业的变革策略选择存在参照依赖效应。但这种效应的实证结论相互矛盾，理论解释也完全不同。究其原因，是现有理论（前景理论和威胁僵化理论）内在地假定企业是基于单一参照点来进行战略决策。如前景理论假定企业基于当期绩效这一决策线索来选择下期战略行动，绩效衰减情境下（处于“失/损失”的框架）企业更强调下期战略行动的“得/收益”，因而更倾向于冒险。显然，这过于简化了实际企业战略决策中的参照线索，导致这些理论在解释企业战略决策方面存在较大局限。为了弥补这一理论局限，我们将探索从单一参照假设扩展至多重参照假设。我们基于菲根鲍姆和哈特和申德尔（Fiegenbaum，Hart and Schendel，1996）提出的三维度战略参照点理论和行为决策领域的多重参照点理论（陆静怡、谢晓非和唐鑫，2013；王晓田和王鹏，2013），初步提出研究假设 6 – 1。

研究假设 6 – 1：绩效下滑中小制造企业主要基于目标参照、历史参照和同行参照三种决策线索进行战略选择，目标参照、历史参照和同行参照构成一个三维度的战略决策参照系，如图 6 – 1 所示。企业在进行变革策略选择时，对不同决策线索的依赖程度（决策心理权重）存在差异（即多重参照依赖程度不同）。

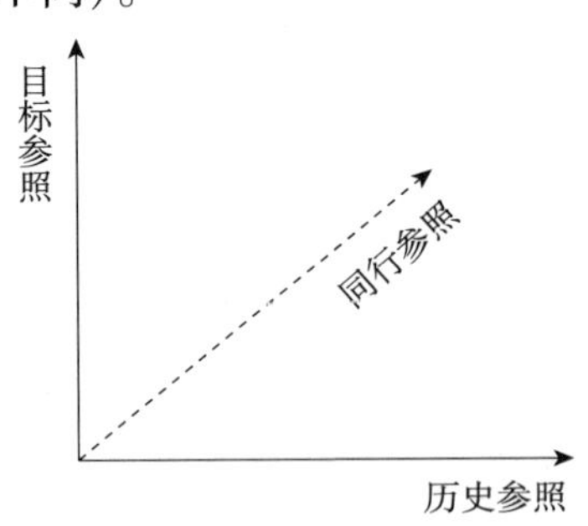

图 6 – 1　多重参照依赖的构念结构设想

资料来源：笔者绘制。

在信息量巨大的企业内外环境中，管理者所接触的信息量远远超过了其理解能力（Mintzberg，1973）。管理者选择将注意力放到哪类事件取决于各事件的显著性（Fiske and Taylor，1991），而事件的显著性不仅取决于事件本身，也受管理者对这些事件的感知和评定影响。决策参照系影响了管理者搜集和关注哪些信息，因而，感知、评定过程自然会受到管理者决策参照系的影响。因此，在绩效衰减情境下，企业 TMT 注意力不仅受到绩效衰减程度的影响，而且受到多重参照依赖程度的影响。我们基于目标参照、历史参照和同行参照的三维度，将绩效衰减这一事件本身的显著性划分为三个衡量特征：目标绩效落差、历史绩效落差、同行绩效落差。其中，目标绩效落差是企业当期绩效与企业目标绩效水平的差距；历史绩效落差是企业当期绩效与企业上期绩效水平的差距；同行比较差距是企业当期绩效与同行竞争者当期绩效水平的差距。基于前述逻辑，我们初步提出研究假设 6 -2。

研究假设 6 -2：多重参照依赖程度（目标参照依赖、历史参照依赖、同行参照依赖）和绩效衰减程度（目标绩效落差、历史绩效落差、同行绩效落差），交互影响了制造企业 TMT 的注意力配置。

6.2.2　绩效衰减中小制造企业变革策略选择的参照依赖效应及其后果

正如前文所述，现有研究中关于绩效衰减与企业变革策略选择之间的关系有两种相反的结论：一种结论是依据前景理论（Kahneman and Tversky，1979），发现在绩效衰减情境下，企业更倾向于采取风险性更高的创业型战略；另一种结论是基于威胁僵化理论，指出在绩效衰减情境下，企业偏向于采用风险规避行为，将资源集中于保护既有地位（Sitkin and Pablo，1992；Staw et al.，1981；Dutton and Jackson，1987），企业更可能选择运营型战略，甚至出现承诺升级（Staw et al.，1981），阻碍转变的发生。两种结论相互冲突，都是基于单一的参照依赖假设。为了构建一个能够同时解释上述两种实证结论的理论框架，我们基于前景理论、威胁僵化理论和多重参照点理论的综合观点，初步提出研究假设 6 –3。

研究假设 6 –3：多重参照依赖程度（目标参照依赖、历史参照依赖、同行参照依赖）和绩效衰减程度（目标绩效落差、历史绩效落差、同行绩效落差）交互影响了制造企业变革策略的选择，进而影响了企业的后续绩效。

鉴于既有多数研究内在地假设创业型战略和效率型战略是相互排斥的（参见上文介绍），导致两者的互补功能可能在很大程度上被忽视了。而在现实中，企业战略变革具有高度动态复杂性，通常采用“多管齐下”的组合式战略。因此，我们拟在二元共存视角下，承认创业型战略和效率型战略的双元矛盾性和互补性（Schmitt and Raisch，2013），考察它们对企业后续绩效的主效应、交互效应，从而厘清不同变革策略及组合功效。初步提出研究假设 6 –4。

研究假设 6 –4：运营型变革策略和创业型变革策略对企业后续绩效有显著的交互效应。

6.2.3 绩效衰减制造企业变革策略选择参照依赖效应的中介机制

现有研究多注重检验绩效衰减对企业变革策略选择偏向的影响，并运用前景理论或威胁僵化理论解释选择偏向产生的内在机理（即“为什么”的问题），但不仅研究结论不统一，而且，未能揭示绩效衰减和参照依赖对制造企业变革策略选择的作用过程（即“如何”的问题）。企业注意力基础观的研究已经初步证实，TMT 注意力在企业环境变化与企业战略选择之间具有中介作用。这为打开绩效衰减制造企业变革策略选择参照依赖效应过程机制的“黑箱”提供了思路。为此，我们在相关文献研究基础上，初步提出研究假设 6 –5。

研究假设 6 –5：制造企业 TMT 注意力配置在多重参照依赖程度（目

标参照依赖、历史参照依赖、同行参照依赖）和绩效衰减程度（目标绩效落差、历史绩效落差、同行绩效落差）影响企业变革策略选择的过程中起到中介作用。

综合以上论述，本章构建了如图 6－2 所示的理论研究模型。

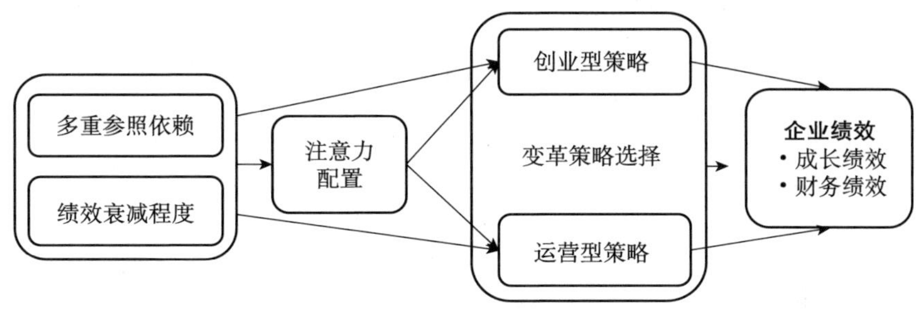

图 6－2　第 6 章研究理论模型

资料来源：笔者整理绘制而得。

6.3　研究设计

6.3.1　多重参照依赖构念测量与检验

多重参照依赖用来衡量中小民营制造企业高管在观测年度 t_{-1} 采用目标参照、历史参照和同行参照三种决策线索进行战略决策的心理权重水平，采用自编量表进行测量。在正式测量之前，为了开发多重参照依赖的测量工具，按照如下步骤开展了三阶段研究。

第一阶段，选取了 24 家绍兴市、嘉兴市纺织、家电和化工类制造企业的 25 位高管进行半结构化访谈，在对访谈进行内容分析的基础上，设计内容编码目录，生成用于测量多重参照依赖的条目。接着，对测量条目进行恰当归类，然后，邀请相关专家评价测量条目与构念的匹配程度，最终编制了开放性问卷。

第二阶段，以127名MBA学生所在的企业为样本，由MBA、EMBA、总裁班学员构成。为了消除测量条目语言表述潜在的歧义性，问卷以征求意见稿的形式呈现给填答者，要求他们对问卷中的每个测量条目提出语言表述修改意见和建议。在深入分析意见和建议的基础上，进一步认真修改、完善调查问卷的内容和结构。经多次试测修订后形成最终问卷，见表6-1。最终问卷总共包含12个测量问项，目标参照依赖、历史参照依赖、同行参照依赖三个维度，每个维度各四个测量问项，问卷采用李克特六点量表。

表6-1　多重参照依赖的最终测量问卷

目标参照依赖					
1. 我们会定期制定企业战略目标	①	②	③	④	⑤
2. 我们会对战略目标进行层层分解，落实责任	1	2	3	4	5
3. 我们会按照战略目标实现的条件与原理制定未来经营计划	①	②	③	④	⑤
4. 我们有计划地组织、实施和控制经营流程，以实现预定目标	1	2	3	4	5
历史参照依赖					
5. 经营过程中我们会不时地进行复盘，总结历史经验	①	②	③	④	⑤
6. 我们根据历史经验，确定未来发展方向	1	2	3	4	5
7. 我们经常回顾上一阶段经营业绩，依此制定下一阶段计划	①	②	③	④	⑤
8. 我们当前的经营理念、经营方向和经营原则，非常能反映过去的经营经验	1	2	3	4	5
同行参照依赖					
9. 我们注重搜集同行对手的战略信息	①	②	③	④	⑤
10. 我们会在企业内部共享同行对手的战略信息	1	2	3	4	5
11. 我们会系统分析、借鉴同行对手的战略举措	①	②	③	④	⑤
12. 我们对同行对手的行动迅速做出回应	1	2	3	4	5

资料来源：笔者整理而得。

第三阶段，在多轮修订测量问卷的基础上，选取了“长三角”地区207家制造企业（样本分布参见表6-2）的大样本封闭式问卷调查数据，以实证检验制造企业多重参照依赖的构念效度。

表 6－2　　　　　　　　　**第 6 章企业样本情况统计分析（1）**

分类	子类	数量（家）	百分比（%）
企业历史	5 年以下	61	29.5
	5～10 年	80	38.6
	10～15 年	66	31.9
员工规模	50～100 人	63	30.4
	101～500 人	144	69.6
资产规模	300 万元以下	24	11.6
	300 万～2 000 万元	103	49.8
	2 000 万～4 亿元	80	38.6

资料来源：笔者根据样本数据的 SPSS 统计分析结果整理而得。

运用 AMOS 19.0 软件拟合计算后的结果，参见表 6－3。NNFI、IFI、TLI 和 CFI 均在 0.90 以上，RMSEA 在 0.05 以下，χ^2/df 小于 2，从拟合指数看，三因素模型能够很好地拟合。此外，各测量项目的因素负荷均在 0.60～0.80 区间（参见图 6－3），表明多重参照依赖构思的结构效度良好，验证了测量量表的内部一致性和内容效度（Judge and Douglas，2009）。

表 6－3　　　　　　　　　**多重参照依赖的 CFA 分析**

模型	χ^2	df	RMSEA	NNFI	IFI	TLI	CFI
M_0 独立模型	2 097.977	190	0.220	—	—	—	—
M_1 三因素模型	207.223	164	0.036	0.901	0.978	0.974	0.977

资料来源：笔者根据样本数据的 SPSS 统计分析结果整理而得。“—”表示无数据。

6.3.2　其他变量测量指标

绩效衰减程度测量企业在观测年度前一年 t_{-1} 的绩效水平相对于企业设定的目标绩效水平（目标绩效落差）、前两年 t_{-2} 的绩效水平（历史绩效落差）和同行竞争者一般绩效水平（同行绩效落差）的差距，采用自编量表，包括九个测量问项，目标绩效落差 t_{-1}、历史绩效落差 t_{-1}、同行绩效落差 t_{-1} 分别包含三个测量问项，采用李克特六点量表。

TMT 注意力配置主要测量企业 TMT 在观测年度 t_0 分别在创新注意力

和内外部注意力的配置水平。其中，创新注意力 t_0包含五个测量问项，内外部注意力 t_0包含八个测量问项，均采用自编的李克特六点量表。

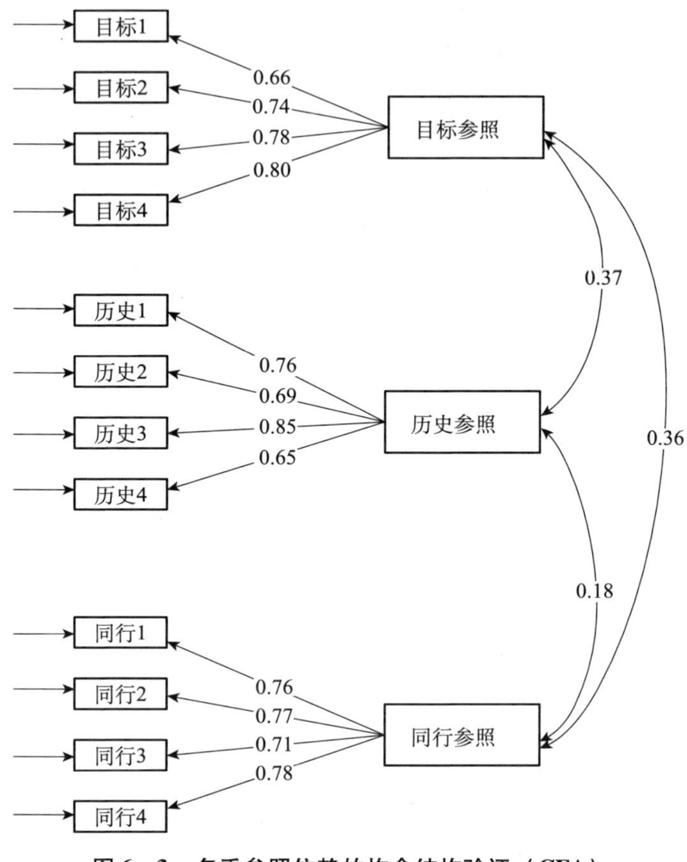

图 6-3　多重参照依赖的构念结构验证（CFA）

资料来源：笔者根据样本数据的 SPSS 统计分析结果整理而得。

变革策略测量的是企业在观测年度 t_0所采用的变革行为类型，包括运营型变革策略 t_0和创业型变革策略 t_0，量表是在参考既有研究文献中的相关问卷（He and Wang，2004；Steensma et al.，2000；Zahra，2005）基础上改编而成，共包含十个测量项目，使用李克特六点量表进行测量，运营型变革策略和创业型变革策略分别包含五个测量问项。

企业绩效是采用主观量表测量观测年度 t_0年末企业的绩效成果，包含成长绩效、财务绩效两个维度。财务绩效测量项目来源于赵晓东（2006）编制的量表；成长绩效测量项目来源于哈珀和芮秋尔（2005）。每个维度包含三个测量项目，使用李克特六点量表进行测量。

此外，将经营历史、员工规模、资产规模和资源冗余作为控制变量。其中，资源冗余采用已有文献中成熟的单维资源冗余测量工具（Chattopadhyay et al.，2001），包含三个测量项目，使用李克特六点量表进行测量。

6.3.3　数据采集过程及样本特征

选取的样本企业在区域上主要分布在长三角地区。参照国家工信部等多部委联合发布的《中小企业划型标准规定（2011）》中制造业所属的工业企业标准选取中小制造企业样本，具体标准如下：从业人员 1 000 人以下或营业收入 40 000 万元以下的企业。其中，从业人员 300 人及以上，且营业收入 2 000 万元及以上的为中型企业；从业人员 20 人及以上，且营业收入 300 万元及以上的为小型企业；从业人员 20 人以下或营业收入 300 万元以下的为微型企业。

问卷发放的主要方式有：利用个人和研究团队实地调查经济开发区等地的中小制造企业；利用我校 MBA 学员、工程硕士学员以及校友企业进行发放；通过老师、亲朋好友等私人关系，利用在线问卷调研平台电子版问卷调查。

问卷调研工作自 2016 年 3 月起，至 2017 年 3 月完成，历时 12 个月，在实施跟踪过程中出现不可控的样本量衰减，为保证有效研究样本量，项目在后续进行了数据的补充收集，因此，数据搜集历时较久。共发放问卷 435 份，收回问卷 367 份，回收率为 84.4%。删除填写不完整和有明显矛盾、有歧义或重复的无效问卷后，获得有效问卷 287 份，有效率为 66.0%。对于企业的变革策略和绩效情况，企业法人或企业管理层人员比普通员工的信息更加准确，因此，调查问卷内容尽量由被调查传统制造企业的中高级管理层人员填写。样本分布情况，见表 6－4。

表6-4　　第6章企业样本情况统计分析（2）

分类	子类	数量（家）	百分比（%）	分类	子类	数量（家）	百分比（%）
成立年限	5年以下	79	27.53	员工数量	50~100人	109	37.98
	5~10年	137	47.74		101~500人	146	50.87
	10年以上	71	24.74		501~1 000人	32	11.15
销售规模	300万元以下	26	9.06	所在省市	浙江	198	68.99
	300万~2 000万元	158	55.05		江苏	55	19.16
	2 000万~4亿元	103	35.89		上海	34	11.85
行业分布	食品	23	8.01	橡胶塑料		11	3.83
	纺织	37	12.89	金属制品		9	3.14
	服装	29	10.10	机械		37	12.89
	皮革	20	6.97	电子信息		37	12.89
	医药	34	11.85	其他		50	17.42

资料来源：笔者根据样本数据的SPSS统计分析结果整理而得。

6.3.4　测量模型检验

（1）信度检验和效度检验。采用SPSS 20.0软件对研究变量的测量信度进行检验。检验结果如表6-5所示，各个变量的Cronbach's α均大于0.700，说明各个变量都具有可接受的信度。同时，使用AMOS 19.0软件对研究中涉及的核心变量进行了验证性分析，结果显示，各个变量测量题项的因子负荷均大于0.500，表明各变量具有较好的聚合效度。此外，各变量AVE平方根均大于变量与其他变量的相关系数，表明本章中所涉及的核心变量均具有较好的区分效度。

表6-5　　第6章变量的信度检验和效度检验

测量变量	测量题项	载荷	AVE平方根	α值
多重参照依赖	我们会定期制定企业战略目标	0.687	0.722	0.761
	我们会对战略目标进行层层分解，落实责任	0.718		
	我们会按照战略目标实现的条件与原理制定未来经营计划	0.684		
	我们有计划地组织、实施和控制经营流程，以实现预定目标	0.826		

续表

测量变量	测量题项	载荷	AVE 平方根	α 值
多重参照依赖	我们根据历史经验，确定未来经营方向和经营目标	0.729	0.722	0.761
	经营过程中，我们会不时地进行复盘，总结历史经验	0.614		
	我们经常回顾上一阶段经营业绩，依此制定下一阶段计划	0.754		
	我们当前的经营理念、经营方向和经营原则，非常能反映过去的经营经验	0.762		
	我们注重搜集同行对手的战略信息	0.705		
	我们会在企业内部分享同行对手的战略信息	0.680		
	我们会系统分析、借鉴同行对手的战略举措	0.811		
	我们对同行对手的行动迅速做出回应	0.663		
绩效衰减	与预定的年度目标相比，销售额下降程度	0.763	0.746	0.777
	与预定的年度目标相比，市场份额下降程度	0.719		
	与预定的年度目标相比，净利润下降程度	0.787		
	与上年度相比，销售额下降程度	0.703		
	与上年度相比，市场份额下降程度	0.701		
	与上年度相比，净利润下降程度	0.687		
	与同行主要竞争对手相比，销售额下降程度	0.840		
	与同行主要竞争对手相比，市场份额下降程度	0.757		
	与同行主要竞争对手相比，净利润下降程度	0.740		
创新注意力配置	公司高层对产品创新及研发的关注程度和投入程度	0.787	0.771	0.794
	公司高层对技术创新和工艺创新的关注程度和投入程度	0.833		
	公司高层对组织管理创新的关注程度和投入程度	0.697		
	公司高层对新市场机会和商业模式的关注程度和投入程度	0.759		
内外部注意力配置	公司高层对供应商及战略合作网络的关注程度和投入程度	0.761	0.707	0.763
	公司高层对顾客和市场的关注程度和投入程度	0.857		
	公司高层对行业竞争对手动态的关注程度和投入程度	0.556		
	公司高层对产业政策等变化的关注程度和投入程度	0.561		
	公司高层对公司运营效率的关注程度和投入程度	0.668		
	公司高层对内部成本控制的关注程度和投入程度	0.671		
	公司高层对组织优化和制度规范的关注程度和投入程度	0.711		
	公司高层对组织执行力的关注程度和投入程度	0.813		

续表

测量变量	测量题项	载荷	AVE 平方根	α 值
变革策略	研究开发新产品	0.766	0.729	0.756
	扩展产品范围	0.849		
	试图开发新技术领域	0.603		
	商业化新产品和服务	0.582		
	满足已有产品和服务之外的需求	0.703		
	改进已有产品质量	0.675		
	降低内部生产成本	0.764		
	优化组织管理和生产运作	0.710		
	完善和改进已有产品	0.712		
	提高生产效率或降低原料及能源消耗	0.875		
资源冗余	公司获取充足资金进行生产经营的难易程度	0.724	0.702	0.856
	公司获取成长和扩张所需资源的难易程度	0.725		
	公司战略实施所需资源的充足性程度	0.656		
财务绩效	市场份额	0.838	0.778	0.739
	销售总额	0.808		
	盈利状况	0.678		
成长绩效	新业务（新产品、新市场等）的开发数量	0.747	0.775	0.712
	新业务数量占企业总数的比例	0.825		
	新业务销售收入占总销售收入的比重	0.752		

资料来源：笔者根据样本数据的 SPSS 统计分析结果整理而得。

（2）共同方法偏差检验。由于在测量中问卷都采用主观量表策略，可能难以将共同方法偏差控制在可接受的范围之内。由于共同方法偏差对变量关系产生重要影响，降低假设检验的可信度，为此，在进行变量关系分析之前，采用 Harman 单因子检验方法对测量数据进行了共同方法检验。采用主成分分析法，运用陡阶抽取因素，使用 Varimax 方法对因子参照轴进行旋转，在对包含 52 个测量项目数据的探索性因子分析后发现，KMO =0.83，Bartllett 球体检验 Sig. =0.00，共析出 13 个因子，解释了 76.41% 的总方差。解释变异最高的因子仅解释了 11.29% 的总体变异，解释变异最低的因子解释了 3.32% 的总体变异，没有主导因素出现，说明共同方法偏差不显著。

再通过对照性的验证性因子分析对变量之间的同源偏差进行分析检

验。分析结果表明，单因子模型各拟合指标较差（$\chi^2/df=9.75$，NFI = 0.34，IFI = 0.32，CFI = 0.41，RFI = 0.28，RMSEA = 0.21），而八因子模型拟合指标都较理想（$\chi^2/df=4.12$，NFI = 0.81，IFI = 0.76，CFI = 0.75，RFI = 0.79，RMSEA = 0.12），验证性因子分析结果表明，变量之间不存在严重的同源偏差。

6.4 实证分析结果

6.4.1 描述性统计和相关分析结果

本章研究假设涉及的各核心变量的平均值、标准差及相关系数，如表6-6所示。相关分析结果显示，研究假设涉及的多重参照依赖、绩效衰减与TMT注意力配置、创业型变革策略、运营型变革策略、企业绩效等变量之间显著相关。

6.4.2 绩效衰减与多重参照依赖对TMT注意力的框定效应检验

采用层次回归分析法对多重参照依赖与绩效衰减对于TMT注意力配置的交互影响进行检验。首先，对中小制造企业TMT创新注意力进行回归分析，分别检验了企业年龄、企业规模、资源冗余等控制变量的直接效应模型（模型1），绩效衰减（目标绩效落差、历史绩效落差、同行绩效落差）和多重参照依赖（目标参照依赖、历史参照依赖、同行参照依赖）的直接效应模型（模型2），以及绩效衰减（目标绩效落差、历史绩效落差、同行绩效落差）和多重参照依赖（目标参照依赖、历史参照依赖、同行参照依赖）的交互效应模型（模型3），具体结果如表6-7所示。在回归分析前，对绩效衰减（目标绩效落差、历史绩效落差、同行

表 6－6　　第 6 章变量均值、标准差及相关分析结果

变量	均值	标准差	1	2	3	4	5	6	7	8	9	10	11	12	13	14	15
1. 公司年龄	7.81	6.00	1.00														
2. 企业规模	1.73	0.65	0.15 *	1.00													
3. 资源冗余	2.43	1.05	−0.08	0.26 **	1.00												
4. 目标绩效落差	3.19	0.47	−0.10	−0.12	0.09	1.00											
5. 历史绩效落差	3.78	0.74	−0.07	−0.10	−0.10	0.36 **	1.00										
6. 同行绩效落差	3.96	0.58	−0.04	−0.06	0.18 **	0.38 **	0.41 **	1.00									
7. 目标参照依赖	4.32	0.55	0.08	0.08	0.03	0.05	0.07	0.07	1.00								
8. 历史参照依赖	4.78	0.67	0.18	−0.11	0.02	0.09	0.10	0.03	−0.26 **	1.00							
9. 同行参照依赖	4.53	0.59	−0.05	−0.06	0.01	0.07	0.06	0.06	0.35 **	0.00	1.00						
10. 创新注意力	3.63	0.74	0.12	0.06	0.38 **	−0.08	0.30 **	0.20	0.44 **	0.29 **	0.14 *	1.00					
11. 外部注意力	4.36	0.68	0.03	0.03	0.36 **	0.20 **	0.11	0.55 **	0.47 **	−0.18 **	0.50 **	0.49 **	1.00				
12. 内部注意力	3.50	0.52	0.14 *	−0.15 *	0.32 **	0.34 **	0.56 **	0.27 **	0.29 **	0.26 **	0.15 *	0.44 **	−0.12	1.00			
13. 运营型变革策略	3.29	0.81	0.10	0.08	0.36 **	0.32 **	0.31 **	0.31 **	0.30 **	0.22 **	0.16 *	0.26 **	0.25 **	0.58 **	1.00		
14. 创业型变革策略	3.60	1.02	−0.17 *	0.07	0.33 **	0.37 **	0.30 **	0.35 **	0.58 **	−0.41 **	0.26 **	0.59 **	0.44 **	0.23 **	0.32 **	1.00	
15. 成长绩效	3.17	0.98	−0.02	0.13 *	0.19 **	0.37 **	0.13 *	0.11	0.16 *	−0.29 **	0.21 **	0.32 **	0.25 **	0.09	0.26 **	0.41 **	1.00
16. 财务绩效	3.72	0.93	−0.04	0.06	0.38 **	0.14 *	−0.17 **	−0.14 *	0.31 **	−0.10	0.35 **	0.23 **	0.36 **	0.43 **	0.31 **	0.24 **	0.19 **

注：*、** 分别表示在 5%、1% 的显著性水平上显著。

资料来源：笔者根据样本数据的 SPSS 统计分析结果整理而得。

绩效落差）和多重参照依赖（目标参照依赖、历史参照依赖、同行参照依赖）进行了中心化处理，目标绩效落差与目标参照依赖、历史绩效落差与历史参照依赖、同行绩效落差与同行参照依赖的乘积项，均为中心化处理之后的计算值。

表6－7　　　　　　　　创新注意力配置的回归分析结果

变量	创新注意力配置		
	模型1	模型2	模型3
企业年龄	－0.05	－0.03	－0.02
企业规模	0.11	0.08	0.06
资源冗余	0.24 **	0.33 **	0.36 **
目标绩效落差	—	0.28 **	0.24 **
历史绩效落差	—	－0.09	－0.15
同行绩效落差	—	0.38 **	0.41 **
目标参照依赖	—	0.25 **	0.21
历史参照依赖	—	0.07	0.12
同行参照依赖	—	0.30 **	0.28 **
目标绩效落差×目标参照依赖	—	—	0.27 **
历史绩效落差×历史参照依赖	—	—	－0.04
同行绩效落差×同行参照依赖	—	—	0.28 **
F	7.04 **	10.08 **	9.79 **
R^2	0.16	0.36	0.43
ΔR^2	—	0.18 **	0.06 **
Durbin-Watson	—	2.17	—

注：*、** 分别表示在5%、1%的显著性水平上显著。“—”表示无数据。

资料来源：笔者根据样本数据的SPSS统计分析结果整理而得。

在表6－7中，模型1纳入了企业年龄和企业规模在内的常规控制变量，以及资源冗余等可能对研究假设变量关系产生影响的其他控制变量。模型1的回归结果表明，资源冗余对中小制造企业TMT创新注意力配置产生显著的正向影响（$\beta=0.24$，$p<0.01$），回归方程统计显著（$R^2=0.16$，$F=7.04$，$p<0.01$）。

在表6－7中，模型2在模型1的基础上，加入了绩效衰减（目标绩效落差、历史绩效落差、同行绩效落差）和多重参照依赖（目标参照依赖、历史参照依赖、同行参照依赖），模型 2 的回归方程统计显著（$R^2 = 0.36$，$F = 10.08$，$p < 0.01$），分析结果表明，目标绩效落差（$\beta = 0.28$，$p < 0.01$）、同行绩效落差（$\beta = 0.38$，$p < 0.01$）、目标参照依赖（$\beta = 0.25$，$p < 0.01$）和同行参照依赖（$\beta = 0.30$，$p < 0.01$）对中小制造企业 TMT 创新注意力配置产生显著的正向影响，而历史绩效落差、历史参照依赖对中小制造企业高层管理团队创新注意力配置的影响不显著，模型 2 比模型 1 的 R^2 有了显著性增加（$\Delta R^2 = 0.18$，$\Delta F = 3.04$，$p < 0.01$）。

为了检验绩效衰减（目标绩效落差、历史绩效落差、同行绩效落差）和多重参照依赖（目标参照依赖、历史参照依赖、同行参照依赖）对中小制造企业高层管理团队创新注意力的交互效应（研究假设 6－2），在表 6－7 中，模型 3 是在模型 2 的基础上，加入了目标绩效落差与目标参照依赖、历史绩效落差与历史参照依赖、同行绩效落差与同行参照依赖的交互项。模型 3 的回归方程统计显著（$R^2 = 0.43$，$F = 9.79$，$p < 0.01$），对比模型 3 与模型 2 的实证分析结果可以看出，在增加了三个交互项之后，模型 3 的 R^2 有了显著性增加（$\Delta R^2 = 0.06$，$\Delta F = 0.29$，$p < 0.01$）。分析结果表明，目标绩效落差与目标参照依赖的交互项的回归系数为 0.27（$p < 0.01$），同行绩效落差与同行参照依赖的交互项的回归系数为 0.28（$p < 0.01$），表明目标绩效落差与目标参照依赖、同行绩效落差与同行参照依赖分别显著正向交互影响了中小制造企业高层管理团队创新注意力配置，历史绩效落差与历史参照依赖的交互项的回归系数为 －0.04，但统计结果不显著，表明历史绩效落差与历史参照依赖对中小制造企业高层管理团队创新注意力配置的交互作用不显著，研究假设 6－2 得到部分验证。

接着，对中小制造企业高层管理团队内部注意力进行回归分析，分别检验了企业年龄、员工规模、资源冗余等控制变量的直接效应模型（模型 4），绩效衰减（目标绩效落差、历史绩效落差、同行绩效落差）和多重参照依赖（目标参照依赖、历史参照依赖、同行参照依赖）的直接效应模型（模型 5），以及绩效衰减（目标绩效落差、历史绩效落差、同行绩效落差）和多重参照依赖（目标参照依赖、历史参照依赖、同行参照依赖）的交互效应模型（模型6），具体结果如表6－8所示。在回归分析前，对绩效衰减（目标绩效落差、历史绩效落差、同行绩效落差）和多重参照依赖（目标参照依赖、历史参照依赖、同行参照依赖）进行了中心化处理，目标绩效落差与目标参照依赖、历史绩效落差与历史参照依赖、同行绩效落差与同行参照依赖的乘积项，均为中心化处理之后的计算值。

表6－8　　　　　　　内部注意力配置的回归分析结果

变量	内部注意力配置		
	模型4	模型5	模型6
企业年龄	0.01	0.05	0.047
企业规模	0.06	0.04	0.023
资源冗余	0.19**	0.17**	0.15*
目标绩效落差	—	0.29**	0.25**
历史绩效落差	—	0.52**	0.51**
同行绩效落差	—	0.25**	0.23*
目标参照依赖	—	0.27**	0.26**
历史参照依赖	—	0.22*	0.19
同行参照依赖	—	0.13	0.10
目标绩效落差×目标参照依赖	—	—	0.24**
历史绩效落差×历史参照依赖	—	—	0.26**
同行绩效落差×同行参照依赖	—	—	0.07
F	0.41	8.55**	7.15**
R^2	0.02	0.32	0.35
ΔR^2	—	0.28**	0.02*
Durbin-Watson	2.20		

注：*、** 分别表示在5%、1%的显著性水平上显著。“—”表示无数据。
资料来源：笔者根据样本数据的SPSS统计分析结果整理而得。

在表6－8中，模型4纳入了企业年龄和企业规模在内的常规控制变量，以及资源冗余等可能对研究假设变量关系产生影响的其他控制变量。模型4的回归结果表明，资源冗余对中小制造企业TMT内部注意力配置产生显著的正向影响（$\beta=0.19$，$p<0.01$），回归方程统计不显著（$R^2=$

0.02，$F=0.41$）。

在表6-8中，模型5在模型4基础上，加入了绩效衰减（目标绩效落差、历史绩效落差、同行绩效落差）和多重参照依赖（目标参照依赖、历史参照依赖、同行参照依赖），模型5的回归方程统计显著（$R^2=0.32$，$F=8.55$，$p<0.01$），分析结果表明，目标绩效落差（$\beta=0.29$，$p<0.01$）、历史绩效落差（$\beta=0.52$，$p<0.01$）、同行绩效落差（$\beta=0.25$，$p<0.01$）、目标参照依赖（$\beta=0.27$，$p<0.01$）和历史参照依赖（$\beta=0.22$，$p<0.05$）对中小制造企业高层管理团队内部注意力配置产生显著的正向影响，而同行参照依赖对中小制造企业高层管理团队内部注意力配置的影响不显著，模型2比模型1的R^2有了显著性的增加（$\Delta R^2=0.28$，$\Delta F=8.14$，$p<0.01$）。

为了检验绩效衰减（目标绩效落差、历史绩效落差、同行绩效落差）和多重参照依赖（目标参照依赖、历史参照依赖、同行参照依赖）对中小制造企业高层管理团队内部注意力的交互效应（研究假设6-2），在表6-8中，模型6是在模型5的基础上，加入了目标绩效落差与目标参照依赖、历史绩效落差与历史参照依赖、同行绩效落差与同行参照依赖的交互项。模型6的回归方程统计显著（$R^2=0.35$，$F=7.15$，$p<0.01$），对比模型6与模型5的实证分析结果可以看出，在增加了三个交互项之后，模型6的R^2有了显著性的增加（$\Delta R^2=0.02$，$\Delta F=1.40$，$p<0.05$）。分析结果表明，目标绩效落差与目标参照依赖的交互项的回归系数为0.24（$p<0.01$），历史绩效落差与历史参照依赖的交互项的回归系数为0.26（$p<0.01$），表明目标绩效落差与目标参照依赖、历史绩效落差与历史参照依赖分别显著正向交互影响了中小制造企业高层管理团队内部注意力配置，同行绩效落差与同行参照依赖的交互项的回归系数为0.07，但统计结果不显著，表明同行绩效落差与同行参照依赖对中小制造企业高层管理团队内部注意力配置的交互作用不显著，研究进一步部分验证了研究假设6-2。

最后，对中小制造企业高层管理团队外部注意力进行回归分析，分别检验了企业年龄、员工规模、资源冗余等控制变量的直接效应模型（模型7），绩效衰减（目标绩效落差、历史绩效落差、同行绩效落差）和多重参照依赖（目标参照依赖、历史参照依赖、同行参照依赖）的直接效应模型（模型8），以及绩效衰减（目标绩效落差、历史绩效落差、同行绩效落差）和多重参照依赖（目标参照依赖、历史参照依赖、同行参照依赖）的交互效应模型（模型9），具体结果如表6－9所示。在回归分析前，对绩效衰减（目标绩效落差、历史绩效落差、同行绩效落差）和多重参照依赖（目标参照依赖、历史参照依赖、同行参照依赖）进行了中心化处理，目标绩效落差与目标参照依赖、历史绩效落差与历史参照依赖、同行绩效落差与同行参照依赖的乘积项，均为中心化处理之后的计算值。

表6－9　　外部注意力配置的回归分析结果

变量	外部注意力配置		
	模型7	模型8	模型9
企业年龄	0.17	0.21*	0.16
企业规模	0.01	0.00	-0.01
资源冗余	0.33**	0.31**	0.28**
目标绩效落差	—	0.18*	0.11
历史绩效落差	—	0.07	0.05
同行绩效落差	—	0.42**	0.39**
目标参照依赖	—	0.27**	0.26**
历史参照依赖	—	0.09	0.07
同行参照依赖	—	0.37**	0.35**
目标绩效落差×目标参照依赖	—	—	0.05
历史绩效落差×历史参照依赖	—	—	0.03
同行绩效落差×同行参照依赖	—	—	0.21*
F	1.12	7.38**	9.27**
R^2	0.02	0.29	0.31
ΔR^2	—	0.23**	0.02*
Durbin-Watson	1.91		

注：*、**分别表示在5%、1%的显著性水平上显著。“—”表示无数据。
资料来源：笔者根据样本数据的SPSS统计分析结果整理而得。

表6－9的模型7纳入了企业年龄和企业规模在内的常规控制变量，以及资源冗余等可能对研究假设变量关系产生影响的其他控制变量。模型7的回归结果表明，资源冗余对中小制造企业高层管理团队外部注意力配置产生显著的正向影响（$\beta=0.33$，$p<0.01$），回归方程统计不显著（$R^2=0.02$，$F=1.12$）。

表6－9的模型8在模型7基础上，加入了绩效衰减（目标绩效落差、历史绩效落差、同行绩效落差）和多重参照依赖（目标参照依赖、历史参照依赖、同行参照依赖），模型8的回归方程统计显著（$R^2=0.29$，$F=7.38$，$p<0.01$），分析结果表明，目标绩效落差（$\beta=0.18$，$p<0.05$）、同行绩效落差（$\beta=0.42$，$p<0.01$）、目标参照依赖（$\beta=0.27$，$p<0.01$）和同行参照依赖（$\beta=0.37$，$p<0.01$）对中小制造企业TMT外部注意力配置产生显著的正向影响，而历史绩效落差、历史参照依赖对中小制造企业高层管理团队外部注意力配置的影响不显著，模型8比模型7的R^2有了显著性的增加（$\Delta R^2=0.23$，$\Delta F=7.38$，$p<0.01$）。

为了检验绩效衰减（目标绩效落差、历史绩效落差、同行绩效落差）和多重参照依赖（目标参照依赖、历史参照依赖、同行参照依赖）对中小制造企业高层管理团队外部注意力的交互效应（研究假设6－2），在表6－9中，模型9是在模型8的基础上，加入了目标绩效落差与目标参照依赖、历史绩效落差与历史参照依赖、同行绩效落差与同行参照依赖的交互项。模型9的回归方程统计显著（$R^2=0.31$，$F=9.27$，$p<0.01$），对比模型9与模型8的实证分析结果可以看出，在增加了三个交互项之后，模型9的R^2有了显著性的增加（$\Delta R^2=0.02$，$\Delta F=1.89$，$p<0.05$）。分析结果表明，同行绩效落差与同行参照依赖的交互项的回归系数为0.21（$p<0.05$），表明同行绩效落差与同行参照依赖显著正向交互影响了中小制造企业高层管理团队外部注意力配置，目标绩效落差与目标参照依赖、历史绩效落差与历史参照依赖的交互项的回归系数统计结果不显著，表明目标绩效落差与目标参照依赖、历史绩效落差与历史参照依赖对中小制造企业高层管理团队外部注意力配置的交互作用不显著，研

究再进一步部分验证了研究假设6－2。

由模型1～模型9的分析结果可见：目标绩效落差和同行绩效落差显著促进了高层管理团队的创新注意力配置；同行参照依赖显著促进了高层管理团队的创新注意力配置；目标绩效落差和目标参照依赖显著交互促进了高层管理团队的创新注意力配置；同行绩效落差和同行参照依赖显著交互促进了高层管理团队的创新注意力配置；目标绩效落差、历史绩效落差和同行绩效落差显著促进了高层管理团队的内部注意力配置；目标参照依赖显著促进了高层管理团队的内部注意力配置；目标绩效落差和目标参照依赖显著交互促进了高层管理团队的内部注意力配置；历史绩效落差和历史参照依赖显著交互促进了TMT的内部注意力配置；同行绩效落差显著促进了高层管理团队的外部注意力配置；目标参照依赖、同行参照依赖显著促进了高层管理团队的外部注意力配置；同行绩效落差和同行参照依赖显著交互促进了高层管理团队的外部注意力配置。

结合多重参照依赖验证性因子分析及以上研究结果，基本验证了研究假设6－1和研究假设6－2：绩效下滑的制造企业基于目标参照、历史参照和同行参照三种决策线索进行战略选择，目标参照、历史参照和同行参照构成一个三维度的战略决策参照系，不同企业对不同决策线索的依赖程度（决策心理权重）存在差异（即多重参照依赖程度不同）。多重参照依赖程度（目标参照依赖、历史参照依赖、同行参照依赖）和绩效衰减程度（目标绩效落差、历史绩效落差、同行绩效落差）交互影响了制造企业高层管理团队的注意力配置。

6.4.3　绩效衰减与多重参照依赖对企业变革策略选择的影响验证

采用层次回归分析法对多重参照依赖与绩效衰减对于中小制造企业变革策略的交互影响进行检验。先对中小制造企业运营型变革策略进行回归分析，分别检验了企业年龄、企业规模、资源冗余等控制变量的直接效应模型（模型10），绩效衰减（目标绩效落差、历史绩效落差、同行绩效落差）和多重参照依赖（目标参照依赖、历史参照依赖、同行参照依赖）的直接效应模型（模型11），以及绩效衰减（目标绩效落差、历史绩效落差、同行绩效落差）和多重参照依赖（目标参照依赖、历史参照依赖、同行参照依赖）的交互效应模型（模型12），具体结果如表6－10所示。在回归分析前，对绩效衰减（目标绩效落差、历史绩效落差、同行绩效落差）和多重参照依赖（目标参照依赖、历史参照依赖、同行参照依赖）进行了中心化处理，目标绩效落差与目标参照依赖、历史绩效落差与历史参照依赖、同行绩效落差与同行参照依赖的乘积项，均为中心化处理之后的计算值。

表6－10　运营型变革策略和创业型变革策略的回归分析结果

变量	运营型变革策略			创业型变革策略		
	模型10	模型11	模型12	模型13	模型14	模型15
控制变量						
企业年龄	0.16	0.15	0.20*	0.05	0.07	0.07
企业规模	0.01	－0.01	0.00	0.03	0.00	0.00
资源冗余	0.14	0.11	0.12	0.33**	0.31**	0.29**
影响变量						
目标绩效落差	—	0.27**	0.25**	—	0.32**	0.24**
历史绩效落差	—	0.29**	0.27**	—	0.16	0.13
同行绩效落差	—	0.31**	0.28**	—	0.31**	0.27**
目标参照依赖	—	0.34**	0.27**	—	0.28**	0.25**
历史参照依赖	—	0.19	0.17	—	－0.07	－0.06
同行参照依赖	—	0.15	0.13	—	0.33**	0.27**
交互效应						
目标绩效落差×目标参照依赖	—	—	0.31**	—	—	0.23**
历史绩效落差×历史参照依赖	—	—	0.36**	—	—	－0.13
同行绩效落差×同行参照依赖	—	—	0.13	—	—	0.29**
F	1.10	7.36**	10.10**	0.25	4.72**	5.57**
R^2	0.03	0.28	0.35	0.01	0.20	0.31
ΔR^2	—	0.25**	0.07**	—	0.15**	0.12**
Durbin-Watson	1.90			2.13		

注：*、**分别表示在5%、1%的显著性水平上显著。“—”表示无数据。
资料来源：笔者根据样本数据的SPSS统计分析结果整理而得。

在表6－10中，模型10纳入了企业年龄和企业规模在内的常规控制变量，以及资源冗余等可能对研究假设变量关系产生影响的其他控制变量。模型10的回归结果表明，企业年龄、企业规模、资源冗余等控制变量对中小制造企业运营型变革策略产生的作用不显著，回归方程统计不显著（$R^2=0.03$，$F=1.10$）。

在表6－10中。模型11在模型10的基础上，加入了绩效衰减（目标绩效落差、历史绩效落差、同行绩效落差）和多重参照依赖（目标参照依赖、历史参照依赖、同行参照依赖）。模型11的回归方程统计显著（$R^2=0.28$，$F=7.36$，$p<0.01$），分析结果表明，目标绩效落差（$\beta=0.27$，$p<0.01$）、历史绩效落差（$\beta=0.29$，$p<0.01$）、同行绩效落差（$\beta=0.31$，$p<0.01$）、目标参照依赖（$\beta=0.34$，$p<0.01$）对中小制造企业运营型变革策略产生显著的正向影响，而历史参照依赖和同行参照依赖对中小制造企业运营型变革策略的影响不显著，模型11比模型10的R^2有了显著性的增加（$\Delta R^2=0.25$，$\Delta F=6.26$，$p<0.01$）。

为了检验绩效衰减（目标绩效落差、历史绩效落差、同行绩效落差）和多重参照依赖（目标参照依赖、历史参照依赖、同行参照依赖）对中小制造企业运营型变革策略的交互效应（研究假设6－3），在表6－10中，模型12是在模型11的基础上，加入了目标绩效落差与目标参照依赖、历史绩效落差与历史参照依赖、同行绩效落差与同行参照依赖的交互项。模型12的回归方程统计显著（$R^2=0.35$，$F=10.10$，$p<0.01$），对比模型12与模型11的实证分析结果可以看出，在增加了三个交互项之后，模型12的R^2有了显著性的增加（$\Delta R^2=0.07$，$\Delta F=2.74$，$p<0.01$）。分析结果表明，目标绩效落差与目标参照依赖的交互项（$\beta=0.31$，$p<0.01$）、历史绩效落差与历史参照依赖的交互项（$\beta=0.36$，$p<0.01$）对中小制造企业运营型变革策略有显著的正向影响，同行绩效落差与同行参照依赖的交互项的回归系数统计结果不显著，表明同行绩效落差与同行参照依赖对中小制造企业运营型变革策略的交互作用不显著，研究部分验证了研究假设6－3。

接着，对中小制造企业创业型变革策略进行回归分析，分别检验了企业年龄、企业规模、资源冗余等控制变量的直接效应模型（模型13），绩效衰减（目标绩效落差、历史绩效落差、同行绩效落差）和多重参照依赖（目标参照依赖、历史参照依赖、同行参照依赖）的直接效应模型（模型14），以及绩效衰减（目标绩效落差、历史绩效落差、同行绩效落差）和多重参照依赖（目标参照依赖、历史参照依赖、同行参照依赖）的交互效应模型（模型15），具体结果如表6－10所示。在回归分析前，对绩效衰减（目标绩效落差、历史绩效落差、同行绩效落差）和多重参照依赖（目标参照依赖、历史参照依赖、同行参照依赖）进行了中心化处理，目标绩效落差与目标参照依赖、历史绩效落差与历史参照依赖、同行绩效落差与同行参照依赖的乘积项，均为中心化处理之后的计算值。

在表6－10中，模型13纳入了企业年龄和企业规模在内的常规控制变量，以及资源冗余等可能对研究假设变量关系产生影响的其他控制变量。模型13的回归结果表明，企业年龄、员工规模等控制变量对中小制造企业创业型变革策略产生的作用不显著，资源冗余（$\beta = 0.33$，$p < 0.01$）对中小制造企业创业型变革策略产生显著的正向影响，回归方程统计不显著（$R^2 = 0.01$，$F = 0.25$）。

在表6－10中，模型14在模型13的基础上，加入了绩效衰减（目标绩效落差、历史绩效落差、同行绩效落差）和多重参照依赖（目标参照依赖、历史参照依赖、同行参照依赖），模型14的回归方程统计显著（$R^2 = 0.20$，$F = 4.72$，$p < 0.01$），分析结果表明，目标绩效落差（$\beta = 0.32$，$p < 0.01$）、同行绩效落差（$\beta = 0.31$，$p < 0.01$）、目标参照依赖（$\beta = 0.28$，$p < 0.01$）、同行参照依赖（$\beta = 0.33$，$p < 0.01$）对中小制造企业创业型变革策略产生显著的正向影响，而历史绩效落差和历史参照依赖对中小制造企业创业型变革策略的影响不显著，模型14比模型13的R^2有了显著性的增加（$\Delta R^2 = 0.15$，$\Delta F = 4.47$，$p < 0.01$）。

为了检验绩效衰减（目标绩效落差、历史绩效落差、同行绩效落差）和多重参照依赖（目标参照依赖、历史参照依赖、同行参照依赖）对中小制造企业创业型变革策略的交互效应（研究假设 6－3），在表 6－10 中，模型 15 是在模型 14 的基础上，加入了目标绩效落差与目标参照依赖、历史绩效落差与历史参照依赖、同行绩效落差与同行参照依赖的交互项。模型 15 的回归方程统计显著（$R^2 = 0.31$，$F = 5.57$，$p < 0.01$），对比模型 15 与模型 14 的实证分析结果可以看出，在增加了三个交互项之后，模型 15 的 R^2 有了显著性的增加（$\Delta R^2 = 0.12$，$\Delta F = 0.85$，$p < 0.01$）。分析结果表明，目标绩效落差与目标参照依赖的交互项（$\beta = 0.23$，$p < 0.01$）、同行绩效落差与同行参照依赖的交互项（$\beta = 0.29$，$p < 0.01$）对中小制造企业创业型变革策略有显著的正向影响，历史绩效落差与历史参照依赖的交互项的回归系数统计结果不显著，表明历史绩效落差与历史参照依赖对中小制造企业创业型变革策略的交互作用不显著，研究进一步部分验证了研究假设 6－3。

由模型 10～模型 15 的分析结果可见：目标绩效落差、历史绩效落差和同行绩效落差越大，绩效衰减制造企业运用运营型变革策略越活跃，越依赖目标进行决策，绩效衰减制造企业运用运营型变革策略越活跃，目标参照依赖和历史参照依赖分别增强了目标绩效落差和历史绩效落差对运营型变革策略的正向促进作用；目标绩效落差、同行绩效落差越大，绩效衰减制造企业运用创业型变革策略越活跃，越依赖目标参照或同行参照进行决策，绩效衰减制造企业运用创业型变革策略越活跃，目标参照依赖和同行参照依赖分别强化了目标绩效落差和同行绩效落差对创业型变革策略的正向促进作用。

6.4.4　TMT 注意力配置在多重参照依赖效应中的中介效应检验

按照温忠麟（2005）推荐的方法，检验高层管理团队注意力配置在绩效衰减和多重参照依赖对中小制造企业变革策略影响过程中的中介效应（研究假设 6－5）。在前述研究中，我们已经检验了绩效衰减和多重参照依赖对高层管理团队注意力配置的直接效应和交互效应，以及绩效衰减和多重参照依赖对企业变革策略的直接效应和交互效应。因此，接下来只需要补充检验在绩效衰减（目标绩效落差、历史绩效落差、同行绩效落差）、多重参照依赖（目标参照依赖、历史参照依赖、同行参照依赖）和高层管理团队注意力配置等变量同时对企业变革策略（运营型变革策略和创业型变革策略）的回归分析，就可以综合判断高层管理团队注意力配置是否在中小制造企业变革策略选择的多重参照依赖效应中起到中介作用。

先对中小制造企业运营型变革策略进行回归分析，分别检验了企业年龄、企业规模、资源冗余等控制变量的直接效应模型（模型10），绩效衰减（目标绩效落差、历史绩效落差、同行绩效落差）和多重参照依赖（目标参照依赖、历史参照依赖、同行参照依赖）的直接效应模型以及绩效衰减（目标绩效落差、历史绩效落差、同行绩效落差）和多重参照依赖（目标参照依赖、历史参照依赖、同行参照依赖）的交互效应模型（模型12），以及纳入中小制造企业TMT创新注意力、内部注意力和外部注意力等中介变量后的中介效应模型（模型16），具体结果如表6－11所示。在回归分析前，对绩效衰减（目标绩效落差、历史绩效落差、同行绩效落差）和多重参照依赖（目标参照依赖、历史参照依赖、同行参照依赖）进行了中心化处理，目标绩效落差与目标参照依赖、历史绩效落差与历史参照依赖、同行绩效落差与同行参照依赖的乘积项，均为中心化处理之后的计算值。

表6－11　运营型变革策略和创业型变革策略的回归分析结果

变量	运营型变革策略			创业型变革策略		
	模型10	模型12	模型16	模型13	模型15	模型17
控制变量						
企业年龄	0.16	0.20*	0.15	0.05	0.07	0.05
企业规模	0.01	0.00	-0.01	0.03	0.00	-0.01
资源冗余	0.14	0.12	0.11	0.33**	0.29**	0.30**
直接效应						
目标绩效落差	—	0.25**	0.14	—	0.24**	0.17
历史绩效落差	—	0.27**	0.17	—	0.13	0.07

续表

变量	运营型变革策略			创业型变革策略		
	模型10	模型12	模型16	模型13	模型15	模型17
同行绩效落差	—	0.28**	0.18	—	0.27**	0.24**
目标参照依赖	—	0.27**	0.19	—	0.25**	0.19
历史参照依赖	—	0.17	0.15	—	-0.06	-0.03
同行参照依赖	—	0.13	0.12	—	0.27**	0.12
交互效应						
目标绩效落差×目标参照依赖	—	0.31**	0.24**	—	0.23**	0.21**
历史绩效落差×历史参照依赖	—	0.36**	0.26**	—	-0.13	-0.05
同行绩效落差×同行参照依赖	—	0.13	0.06	—	0.29**	0.12
中介效应						
创新注意力	—	—	0.07	—	—	0.37**
内部注意力	—	—	0.24**	—	—	0.14
外部注意力	—	—	-0.04	—	—	0.34**
F	1.10	10.10**	9.81**	0.25	8.57**	7.17**
R^2	0.03	0.35	0.41	0.01	0.31	0.34
ΔR^2	—	0.19**	0.07**	—	0.29**	0.03*
Durbin-Watson	2.16			2.19		

注：*、** 分别表示在5%、1%的显著性水平上显著。“—”表示无数据。
资料来源：笔者根据样本数据的SPSS统计分析结果整理而得。

在表6-11中，模型10和模型12已在前文做过介绍，在此略过。模型16在模型12的基础上，加入了中小制造企业高层管理团队创新注意力、内部注意力和外部注意力等中介变量，模型16的回归方程统计显著（$R^2=0.41$，$F=9.81$，$p<0.01$），分析结果表明，内部注意力（$\beta=0.24$，$p<0.01$）对运营型变革策略有显著正向影响，而在模型12中对运营型变革策略有显著直接效应的目标绩效落差（$\beta=0.25$，$p<0.01$）、历史绩效落差（$\beta=0.27$，$p<0.01$）、同行绩效落差（$\beta=0.28$，$p<0.01$）、目标参照依赖（$\beta=0.27$，$p<0.01$），则在模型16中都变得不再显著。此外，模型16比模型12的R^2有了显著性的增加（$\Delta R^2=0.07$，$\Delta F=0.29$，$p<0.01$）。

可见，内部注意力在目标绩效落差、历史绩效落差、同行绩效落差、目标参照依赖与运营型变革策略之间起到完全中介作用，在目标绩效落差×目标参照依赖、历史绩效落差×历史参照依赖与运营型变革策略之间起到不完全中介作用。研究假设 6－5 得到部分验证。

接着，对中小制造企业创业型变革策略进行回归分析，分别检验了企业年龄、员工规模、资源冗余等控制变量的直接效应模型（模型 13），纳入绩效衰减（目标绩效落差、历史绩效落差、同行绩效落差）和多重参照依赖（目标参照依赖、历史参照依赖、同行参照依赖）的直接效应，以及绩效衰减（目标绩效落差、历史绩效落差、同行绩效落差）和多重参照依赖（目标参照依赖、历史参照依赖、同行参照依赖）的交互效应的混合模型（模型 15），以及纳入中小制造企业高层管理团队创新注意力、内部注意力和外部注意力等中介变量后的中介效应模型（模型 17），具体结果如表 6－11 所示。在回归分析前，对绩效衰减（目标绩效落差、历史绩效落差、同行绩效落差）和多重参照依赖（目标参照依赖、历史参照依赖、同行参照依赖）进行了中心化处理，目标绩效落差与目标参照依赖、历史绩效落差与历史参照依赖、同行绩效落差与同行参照依赖的乘积项，均为中心化处理之后的计算值。

在表 6－11 中，模型 13 和模型 15 在前文也已做过介绍，在此也一并略过。模型 17 在模型 15 的基础上，加入了中小制造企业高层管理团队创新注意力、内部注意力和外部注意力等中介变量，模型 17 的回归方程统计显著（$R^2=0.34$，$F=7.17$，$p<0.01$），分析结果表明，创新注意力（$\beta=0.37$，$p<0.01$）和外部注意力（$\beta=0.34$，$p<0.01$）对创业型变革策略有显著正向影响，而在模型 15 中对创业型变革策略有显著直接效应的目标绩效落差（$\beta=0.24$，$p<0.01$）、目标参照依赖（$\beta=0.25$，$p<0.01$）、同行参照依赖（$\beta=0.27$，$p<0.01$），则在模型 17 中都变得不再显著，同行绩效落差（$\beta=0.27$，$p<0.01$）则依然有显著的直接影响（$\beta=0.24$，$p<0.01$）。此外，模型 17 比模型 15 的 R^2 有了显著性增加（$\Delta R^2=0.03$，$\Delta F=1.40$，$p<0.05$）。

由此可见，创新注意力和外部注意力在目标绩效落差、目标参照依赖、同行参照依赖、同行绩效落差 × 同行参照依赖与创业型变革策略之间起到完全中介作用，在同行绩效落差、目标绩效落差 × 目标参照依赖与创业型变革策略之间起到不完全中介作用。研究假设6－5得到进一步的部分验证。

6.4.5　运营型变革策略和创业型变革策略对企业绩效的交互效应检验

为了检验中小制造企业变革策略在多重参照依赖、绩效衰减与企业后续绩效之间的中介效应（研究假设6－3），以及验证运营型变革策略和创业型变革策略对中小制造企业后续绩效的交互效应（研究假设6－4），采用层次回归分析法对企业后续绩效（财务绩效和成长绩效）进行分析。在回归分析前，对绩效衰减（目标绩效落差、历史绩效落差、同行绩效落差）和多重参照依赖（目标参照依赖、历史参照依赖、同行参照依赖）、变革策略（运营型变革策略和创业型变革策略）进行了中心化处理，目标绩效落差与目标参照依赖、历史绩效落差与历史参照依赖、同行绩效落差与同行参照依赖、运营型变革策略与创业型变革策略的乘积项，均为中心化处理之后的计算值。

先对中小制造企业财务绩效进行回归分析，分别检验了企业年龄、企业规模、资源冗余等控制变量的直接效应模型（模型18），绩效衰减（目标绩效落差、历史绩效落差、同行绩效落差）和多重参照依赖（目标参照依赖、历史参照依赖、同行参照依赖）的直接效应，以及绩效衰减（目标绩效落差、历史绩效落差、同行绩效落差）和多重参照依赖（目标参照依赖、历史参照依赖、同行参照依赖）交互效应的混合模型（模型19），具体结果如表6－12所示。

表6－12　企业财务绩效的回归分析结果

变量	财务绩效$_{T+1}$		
	模型18	模型19	模型20
企业年龄	0.08	－0.05	－0.05
企业规模	0.16	0.10	0.08
资源冗余	0.34**	0.33**	0.32**

续表

变量	财务绩效$_{T+1}$		
	模型 18	模型 19	模型 20
目标绩效落差	—	0.09	0.05
历史绩效落差	—	-0.13	-0.11
同行绩效落差	—	-0.09	-0.08
目标参照依赖	—	0.24**	0.17*
历史参照依赖	—	-0.05	-0.03
同行参照依赖	—	0.27**	0.20*
目标绩效落差×目标参照依赖	—	0.35**	0.19*
历史绩效落差×历史参照依赖	—	0.16*	0.09
同行绩效落差×同行参照依赖	—	0.27**	0.13
运营型变革策略	—	—	0.22**
创业型变革策略	—	—	0.18*
运营型变革策略×创业型变革策略	—	—	0.27**
F	1.21	7.33**	6.92**
R^2	0.03	0.28	0.33
ΔR^2	—	0.25**	0.07**
Durbin-Watson	2.20		

注：*、** 分别表示在5%、1%显著性上显著。“—”表示无数据。
资料来源：笔者根据样本数据的 SPSS 统计分析结果整理而得。

在表6-12中，模型18纳入了企业年龄和员工规模在内的常规控制变量，以及资源冗余等可能对研究假设变量关系产生影响的其他控制变量。模型18的回归结果表明，企业年龄、企业规模等控制变量对中小制造企业变革后续的财务绩效产生作用不显著，而资源冗余（$\beta = 0.34$，$p < 0.01$）对中小制造企业变革后续的财务绩效有显著影响，但回归方程统计不显著（$R^2 = 0.03$，$F = 1.21$）。

在表6-12中，模型19在模型18的基础上，加入了绩效衰减（目标绩效落差、历史绩效落差、同行绩效落差）和多重参照依赖（目标参照依赖、历史参照依赖、同行参照依赖），以及目标绩效落差与目标参照依赖、历史绩效落差与历史参照依赖、同行绩效落差与同行参照依赖的交互项。模型19的回归方程统计显著（$R^2 = 0.28$，$F = 7.33$，$p < 0.01$），分析结果表明，目标绩效落差、历史绩效落差、同行绩效落差和历史参

照依赖对中小民营企业变革后续财务绩效没有直接的显著影响，目标参照依赖（$\beta=0.24$，$p<0.01$）、同行参照依赖（$\beta=0.27$，$p<0.01$）则对中小制造企业变革后续财务绩效产生显著、直接的正向影响。在交互效应方面，目标绩效落差与目标参照依赖的交互项（$\beta=0.35$，$p<0.01$）、历史绩效落差与历史参照依赖的交互项（$\beta=0.16$，$p<0.05$）、同行绩效落差与同行参照依赖的交互项（$\beta=0.27$，$p<0.01$）对中小制造企业变革后续的财务绩效有显著正向交互影响。模型19比模型18的R^2有了显著性的增加（$\Delta R^2=0.25$，$\Delta F=6.12$，$p<0.01$）。

在表6－12中，模型20则在模型19的基础上，加入了运营型变革策略、创业型变革策略及两者的交互项。模型20的回归方程统计显著（$R^2=0.33$，$F=6.92$，$p<0.01$），分析结果表明，运营型变革策略（$\beta=0.22$，$p<0.01$）、创业型变革策略（$\beta=0.18$，$p<0.05$）和两者的交互项（$\beta=0.27$，$p<0.01$）对中小制造企业变革后续的财务绩效有显著正向交互影响，而目标绩效落差、历史绩效落差、同行绩效落差和历史参照依赖对中小民营企业变革后续财务绩效依然没有直接显著的影响，目标参照依赖（$\beta=0.17$，$p<0.05$）、同行参照依赖（$\beta=0.20$，$p<0.05$）则继续对中小制造企业变革后续财务绩效产生显著、直接的正向影响。在交互效应方面，目标绩效落差与目标参照依赖的交互项（$\beta=0.19$，$p<0.05$）仍然对中小制造企业变革后续的财务绩效有显著正向交互影响，但历史绩效落差与历史参照依赖的交互项、同行绩效落差与同行参照依赖的交互项则不再对中小制造企业变革后续的财务绩效有显著交互影响。模型20比模型19的R^2有了显著性的增加（$\Delta R^2=0.07$，$\Delta F=0.41$，$p<0.01$）。

可见，目标参照依赖、同行参照依赖对企业财务绩效有正向、直接促进作用；目标绩效落差对目标参照依赖与企业财务绩效之间的关系有显著、直接的正向调节作用；运营型变革策略、创业型变革策略及其交互项在目标参照依赖、同行参照依赖、目标绩效落差×目标参照依赖与企业财务绩效之间起到部分中介作用，在历史绩效落差×历史参照依赖与企业财务绩效之间起到完全中介作用；运营型变革策略和创业型变革策略都对企业财务绩效有正向促进作用，运营型变革策略和创业型变革策略对企业财务绩效有显著的交互促进作用。

接着，对中小制造企业成长绩效进行回归分析，分别检验了企业年龄、企业规模、资源冗余等控制变量的直接效应模型（模型 21），绩效衰减（目标绩效落差、历史绩效落差、同行绩效落差）和多重参照依赖（目标参照依赖、历史参照依赖、同行参照依赖）的直接效应，以及绩效衰减（目标绩效落差、历史绩效落差、同行绩效落差）和多重参照依赖（目标参照依赖、历史参照依赖、同行参照依赖）交互效应的混合模型（模型 22），具体结果如表 6 – 13 所示。

表 6 – 13　　　　企业成长绩效的回归分析结果

变量	成长绩效$_{T+1}$		
	模型 21	模型 22	模型 23
企业年龄	0. 05	–0. 05	–0. 05
企业规模	0. 17	0. 10	0. 08
资源冗余	0. 31 **	0. 29 **	0. 22 **
目标绩效落差	—	0. 07	0. 06
历史绩效落差	—	–0. 14	–0. 09
同行绩效落差	—	–0. 07	–0. 04
目标参照依赖	—	0. 27 **	0. 23 **
历史参照依赖	—	0. 06	0. 03
同行参照依赖	—	0. 25 **	0. 17 *
目标绩效落差 × 目标参照依赖	—	0. 37 **	0. 29 **
历史绩效落差 × 历史参照依赖	—	0. 13	0. 11
同行绩效落差 × 同行参照依赖	—	0. 24 **	0. 19 *
运营型变革策略	—	—	0. 12
创业型变革策略	—	—	0. 28 **
运营型变革策略 × 创业型变革策略	—	—	0. 37 **
F	1. 07	9. 57 **	8. 13 **
R^2	0. 04	0. 31	0. 39
ΔR^2	—	0. 27 **	0. 08 **
Durbin-Watson	2. 08		

注：*、** 分别表示在 5%、1% 显著性上显著。“—” 表示无数据。
资料来源：笔者根据样本数据 SPSS 统计分析结果整理而得。

在表6-13中，模型21纳入了企业年龄和企业规模在内的常规控制变量，以及资源冗余等可能对研究假设变量关系产生影响的其他控制变量。模型21的回归结果表明，企业年龄、员工规模等控制变量对中小制造企业变革后续的财务绩效产生作用不显著，而资源冗余（$\beta=0.31$，$p<0.01$）对中小制造企业变革后续的成长绩效有显著影响，但回归方程统计不显著（$R^2=0.04$，$F=1.07$）。

在表6-13中，模型22在模型21的基础上，加入了绩效衰减（目标绩效落差、历史绩效落差、同行绩效落差）和多重参照依赖（目标参照依赖、历史参照依赖、同行参照依赖），以及目标绩效落差与目标参照依赖、历史绩效落差与历史参照依赖、同行绩效落差与同行参照依赖的交互项。模型22的回归方程统计显著（$R^2=0.31$，$F=9.57$，$p<0.01$），分析结果表明，目标绩效落差、历史绩效落差、同行绩效落差和历史参照依赖对中小制造企业变革后续成长绩效没有直接显著的影响，目标参照依赖（$\beta=0.27$，$p<0.01$）、同行参照依赖（$\beta=0.25$，$p<0.01$）则对中小制造企业变革后续成长绩效产生显著、直接的正向影响。在交互效应方面，目标绩效落差与目标参照依赖的交互项（$\beta=0.37$，$p<0.01$）、同行绩效落差与同行参照依赖的交互项（$\beta=0.24$，$p<0.01$）对中小制造企业变革后续的成长绩效有显著的正向交互影响，而历史绩效落差与历史参照依赖的交互项，对中小制造企业变革后续的成长绩效的交互影响不显著。模型22比模型21的R^2有了显著性的增加（$\Delta R^2=0.27$，$\Delta F=8.50$，$p<0.01$）。

在表6-13中，模型23则在模型22的基础上，加入了运营型变革策略、创业型变革策略及两者的交互项。模型23的回归方程统计显著（$R^2=0.39$，$F=8.13$，$p<0.01$），分析结果表明，创业型变革策略（$\beta=0.28$，$p<0.01$）和两者的交互项（$\beta=0.37$，$p<0.01$）对中小制造企业变革后续的成长绩效有显著、正向交互影响，而运营型变革策略、目标绩效落差、历史绩效落差、同行绩效落差和历史参照依赖对中小民营企业变革后续成长绩效没有直接显著影响，目标参照依赖（$\beta=0.23$，$p<0.01$）、

同行参照依赖（$\beta=0.17$，$p<0.05$）则继续对中小制造企业变革后续成长绩效产生显著、直接的正向影响。在交互效应方面，目标绩效落差与目标参照依赖的交互项（$\beta=0.29$，$p<0.01$）、同行绩效落差与同行参照依赖的交互项（$\beta=0.19$，$p<0.05$）仍然对中小制造企业变革后续的成长绩效有显著正向交互影响，但历史绩效落差与历史参照依赖的交互项则仍然不对中小制造企业变革后续的成长绩效有显著交互影响。模型23比模型22的R^2有了显著性的增加（$\Delta R^2=0.08$，$\Delta F=1.44$，$p<0.01$）。

可见，目标参照依赖、同行参照依赖对企业成长绩效有正向直接促进作用；目标绩效落差对目标参照依赖与企业成长绩效之间的关系有显著直接的正向调节作用；同行绩效落差对同行参照依赖与企业成长绩效之间的关系有显著直接的正向调节作用；创业型变革策略及运营型变革策略的交互项在目标参照依赖、同行参照依赖、目标绩效落差×目标参照依赖、同行绩效落差×同行参照依赖与企业成长绩效之间起到部分中介作用；创业型变革策略对企业成长绩效有正向促进作用，运营型变革策略和创业型变革策略两者对企业成长绩效有显著的交互促进作用。因此，中小制造企业变革策略在多重参照依赖、绩效衰减与企业后续绩效之间的中介效应（研究假设6－3），以及运营型变革策略和创业型变革策略对中小制造企业后续绩效的交互效应（研究假设6－4）均得到部分验证。

综合以上统计分析结果，本章研究假设的检验结果汇总，如表6－14所示。研究假设6－1、研究假设6－2、研究假设6－4、研究假设6－5都得到了实证分析结果的支持。研究假设6－3得到了实证分析结果的部分支持。

表6－14　　第6章研究假设检验结果

研究假设	内容	验证结果
研究假设6－1	绩效下滑的制造企业主要基于目标参照、历史参照和同行参照三种决策线索进行战略选择，目标参照、历史参照和同行参照构成一个三维度的战略决策参照系。在进行变革策略选择时，不同企业对不同决策线索的依赖程度（决策心理权重）存在差异（即多重参照依赖程度不同）	支持

续表

研究假设	内容	验证结果
研究假设6-2	多重参照依赖程度（目标参照依赖、历史参照依赖、同行参照依赖）和绩效衰减程度（目标绩效落差、历史绩效落差、同行绩效落差）交互影响了制造企业TMT的注意力配置	支持
研究假设6-3	多重参照依赖程度（目标参照依赖、历史参照依赖、同行参照依赖）和绩效衰减程度（目标绩效落差、历史绩效落差、同行绩效落差）交互影响了制造企业变革策略选择，进而影响了企业的后续绩效	部分支持
研究假设6-4	运营型变革策略和创业型变革策略对企业后续绩效有显著的交互效应	支持
研究假设6-5	制造企业TMT注意力配置在多重参照依赖程度（目标参照依赖、历史参照依赖、同行参照依赖）和绩效衰减程度（目标绩效落差、历史绩效落差、同行绩效落差）影响企业变革策略选择的过程中起到中介作用	支持

资料来源：笔者整理而得。

6.5　结论与建议

6.5.1　结论与讨论

前景理论和威胁僵化理论等内在地假定企业是基于单一参照点来进行战略决策的，过于简化了实际企业战略决策中的参照线索，导致这些理论在解释企业变革战略决策方面存在较大局限，研究结果大相径庭。本章基于多重参照理论将传统的单一参照点拓展至多重参照点，并结合企业注意力基础观，构建了绩效衰减情境下中小制造企业变革策略选择的过程机制。运用367份中小制造企业问卷调查数据分析结果，得出了以下六个主要结论。

第一，绩效衰减情境下中小制造企业战略决策者在进行变革策略选择时，主要基于目标参照、历史参照和同行参照三维度决策参照系统，形成多重参照依赖。本章提出并运用两个独立样本数据验证了多重参照依赖的构念维度。研究结果显示，在战略决策过程中，中小制造企业高管团队会不同程度地依赖三种参照对比进行决策：一是参照对比企业订立的战略规划与战略目标；二是参照对比企业以往的战略举措与结果；三是参照对比同行企业的战略行为与业绩。三种参照对比形成了一个三维立体的决策参照系，影响企业最终的战略决策形成。

第二，对应于多重参照依赖，绩效落差也应进一步区分为目标绩效落差（企业当期绩效与设定的目标绩效之间的差距）、历史绩效落差（企业当期绩效与上期绩效之间的差距）和同行绩效落差（企业当期绩效与同行当期绩效之间的差距）三种不同性质的绩效衰减维度。实证研究验证后发现：一方面，与威胁僵化理论的预测一致，目标绩效落差、历史绩效落差和同行绩效落差三个维度的绩效衰减，均能强化企业的运营型变革策略；另一方面，目标绩效落差和同行绩效落差两个维度的绩效衰减能强化企业的创业型变革策略，与前景理论的预测相同。由此，本章提出的理论模型同时兼容了威胁僵化理论和前景理论两种互斥观点，实际上威胁僵化理论和前景理论两种理论观点能同时成立，其关键是，运营型变革策略和创业型变革策略是可同生共存，并非绝对互斥的一对策略选项。

第三，多重参照依赖进一步强化了绩效衰减对制造企业战略选择的影响效应。即参照依赖性越强，绩效衰减对制造企业选择的影响效应也越强。从本章具体的研究结果看，目标参照依赖同时强化了目标绩效落差对效率型变革策略和创业型变革策略的影响效应，而历史参照依赖强化了历史绩效落差对运营型变革策略的影响效应，同行参照依赖则强化了同行绩效落差对创业型变革策略的影响效应。由此验证了企业战略决策中多重参照依赖的存在及其效应。

第四，绩效衰减和多重参照依赖对中小制造企业高层管理团队的注意力起到框定作用。研究发现：绩效衰减直接使得高管团队在创新、内部领域和外部领域投入更多注意力。如目标绩效落差和同行绩效落差提高了高管团队对创新的注意力配置，高管团队的目标参照依赖和同行参照依赖则进一步强化了上述效应；目标绩效落差、历史绩效落差、同行绩效落差三个维度均能显著增强高管团队对企业内部的注意力配置，高管团队目标参照依赖和历史参照依赖增强了上述效应；同行绩效落差则提升了高管团队对企业外部注意力的配置，同行参照依赖放大了这种效应。

第五，企业高管团队注意力配置可以解释绩效衰减情境下多重参照依赖效应的产生机制。即，绩效衰减通过影响制造企业高管团队注意力的配置，进而影响制造企业战略选择，企业高管团队注意力配置在绩效衰减、多重参照依赖对中小制造企业变革策略选择的影响中起到中介作用。具体而言，研究发现：内部注意力在目标绩效落差、历史绩效落差、同行绩效落差、目标参照依赖与运营型变革策略之间起到完全中介作用，在目标绩效落差和目标参照依赖、历史绩效落差和历史参照依赖对运营型变革策略的交互作用中起到不完全中介作用；创新注意力和外部注意力在目标绩效落差、目标参照依赖、同行参照依赖与创业型变革策略之间起到完全中介作用，在同行绩效落差和同行参照依赖对创业型变革策略的交互作用中起到完全中介作用，在同行绩效落差与创业型变革策略之间起到不完全中介作用，在目标绩效落差和目标参照依赖对创业型变革策略的交互作用中起到不完全中介作用。可见，注意力配置在一定程度上解释了为什么绩效衰减和多重参照依赖会影响效率型变革策略和创业型变革策略的选择。

第六，运营型变革策略和创业型变革策略是两种并不互斥、可共生共存的策略，都对企业变革后绩效表现有积极效果，并且组合运用两种策略对制造企业绩效提升具有显著效果。与企业行为理论的思想一致，上期绩效衰减影响制造企业当期战略选择，进而影响了制造企业的后续绩效。与以往研究多认为运营型变革策略和创业型变革策略彼此独立互斥的看法不同，在实际的企业战略变革中，往往组合运用两种变革策略。一些研究认为，运营型变革策略是战略变革的启动策略，先于创业型变革策略发生，但可能并非贯穿战略变革的始终。由于本章观测时间跨度为绩效衰减后的一年，在观测期较短的情况下，运营型变革策略和创业型变革策略同时共存。此外，与以往对创业型变革策略的有效性研究不同，本章研究发现，创业型变革策略对变革后企业财务绩效和成长绩效都有显著、积极的作用。与以往对运营型变革策略的有效性相同的是，本章研究发现，运营型变革策略对变革后企业财务绩效也有显著积极的作用，但对成长绩效的作用则不显著。运营型变革策略和创业型变革策略对战略变革后企业财务绩效和企业成长绩效都有显著的促进作用。

6.5.2 管理启示

基于以上研究结论，本章对绩效衰退下中小制造企业战略变革管理的主要启示有：首先，面临绩效衰退时，中小制造企业战略决策者既要注重运营型变革策略的运用，也切不可忽视搜索、捕捉新的商业机会，而不去开展探索式创新等较具有冒险性的创业型变革策略的尝试。本章研究再次表明，创业型变革策略对扭转中小制造企业绩效衰减具有显著效果。其次，在企业重振过程中，不应将运营型变革策略和创业型变革策略视为对立互斥的策略选项，而应当采用两种变革策略的合适组合，协调发挥组合策略的协同效应，研究表明，这种组合策略的协同效应对企业重振具有显著的积极效果。最后，企业高层管理者应关注绩效衰退情境和多重参照依赖对自身注意力配置的框定效应，审视自身战略决策的参照系，区分不同绩效衰退情境，多维度地看待绩效衰退，均衡、客观地评估情境特征的含义，必要时可邀请外部专家参与战略变革决策，协助摆脱自身认知的局限。

6.5.3 研究不足与未来展望

本章与前几章研究存在类似局限：首先，本章研究样本采用了方便采样的方法，由于取样的难度以及研究成本等考虑，选取的样本分布在几个特定地区中，降低了样本的随机性，加之数据采集使用了主观问卷调查，研究结果不可避免地受到取样质量和数据质量的局限，未来可以提高数据采集的质量，再次检验了相关理论假设；其次，本章构建了多重参照依赖这一新的理论构念，并自编了该构念的测量量表，尽管采用了较为严谨的量表开发程序，但仍然需要进一步对该构念结构和测量量表进行交叉验证；再次，本章研究的重点是多重参照依赖效应及其形成机制，而对其他影响因素缺乏关注，未来可继续纳入更多其他相关变量，构建更全面的理论模型解释绩效衰减中小制造企业变革策略选择的内在机理；最后，随着数据挖掘技术和文本数据分析处理技术的进展，近年来越来越多的研究采用上市公司年报等数据研究绩效衰减、注意力配置和企业变革行为，未来可以基于公开二手数据和文本数据处理技术，进一步交叉检验本章所提出的理论假设。

第7章　研究结论、理论贡献和未来展望

7.1　研究结论和主要观点

作为实体经济的重要组成部分，在中国制造产业中，中小制造企业数量最多，GDP、税收、就业量和技术创新等贡献也最大。因此，推动中小制造企业转型升级、实现可持续健康发展的经济意义和社会意义十分重大。

当前，中国中小制造企业总体上仍处于全球价值链的低端环节，大量企业陷入了“低端锁定”的发展局面，亟待通过战略变革突破商业模式依赖、技术模式依赖和资源模式依赖三大难题，顺应新工业革命下制造产业互联网化、智能化和绿色化三大发展趋势。而与此同时，由于种种原因，中国众多中小制造企业在实施战略变革时，遭遇了绩效衰减、资源匮乏和认知局限三重现实困境的影响。

基于上述现实背景，本书提炼了以下研究议题：在绩效下滑、资源匮乏和认知约束三重现实情境下，中国中小制造企业在互联网化、智能化和绿色化三个关键内容领域的战略变革决策和行为有何规律，对突破商业模式依赖、技术模式依赖和资源模式依赖三大难题有何影响？绩效衰退情境下，中国中小制造企业战略变革是否存在需要规避的“战略决策陷阱”和“战略行动误区”？

聚焦于以上研究议题，本书回顾了企业战略变革研究，特别是系统性地评述了绩效衰减情境下企业战略变革的影响因素、策略类型、选择机制等企业重振相关研究，以及与之密切相关的企业行为理论、前景理论、威胁僵化观、资源基础观和注意力基础观等文献，最终提出了本书研究的核心理论问题：绩效衰减、资源匮乏和认知局限三重现实困境，对中国中小制造企业在商业模式创新、数字化转型和绿色创新三大战略变革内容领域的行为决策有何影响及如何影响？绩效衰减对中国中小制造企业变革策略选择有何影响、如何影响？

为了解答上述理论问题，本书综合采用战略变革研究中的描述性研究范式和折中论，基于 ASD 组织变革和适应三阶段模型，构建并检验了更微观具体的 CPE-C-P 权变过程模型作为整体研究框架，围绕“揭示绩效衰减情境下中小制造企业战略变革行为的决定机制”这一总目标，展开了一系列实证研究。通过多次对长三角地区中小制造企业的大规模问卷调查，以及数据的定量化统计分析方法，本书最终得到一系列研究结论和重要观点。我们将在下文分别详细论述。

7.1.1　绩效衰减中小制造企业战略变革内容维度的研究发现

本书基于变革内容维度，就绩效衰减情境下中小制造企业战略变革开展了三项实证研究，分别是：第 2 章，绩效衰减情境下中小制造企业的商业模式创新；第 3 章，绩效衰减情境下中小制造企业的数字化转型；第 4 章，绩效衰减情境下中小制造企业的绿色创新。

（1）绩效衰减情境下中小制造企业的商业模式创新。第 2 章基于 CPE-C-P 框架，引入反映当前中国中小制造企业微观内在现实情境因素的绩效落差解释变量，以及刻画组织认知的企业高管注意力长期导向，和体现企业资源水平的资源冗余等变量，构建了一个整合的权变理论解释绩效衰减情境下中小制造企业商业模式创新的形成机制和绩效影响，通过对 246 家中小制造业企业样本数据的实证分析，研究发现：

①绩效衰减总体上显著推动了中小制造企业商业模式创新活动，但随着绩效衰减程度的上升，推动商业模式创新的边际效应趋弱。在某个绩效衰减的临界点之后，甚至可能会阻碍商业模式创新，出现威胁僵化现象。也就是说，绩效落差对中小制造企业商业模式创新的作用效应呈倒“U”形。

②企业高管注意力长期导向显著提高了中小制造企业商业模式创新活跃度，且增强效应随着绩效衰减程度的上升而得到强化。也就是说，绩效落差作为情境变量，与高管注意力长期导向交互促进了对中小制造企业商业模式的创新活动。

③企业未吸收冗余资源和已吸收冗余资源能有效地增强中小制造企业商业模式创新。未吸收冗余资源和已吸收冗余资源对商业模式创新的功能存在一定差异，未吸收冗余资源在绩效衰减情境下能够发挥显著的“软垫”效应，与绩效衰减交互促进了中小制造企业商业模式创新，未吸收冗余资源对商业模式创新的增强效应会随着绩效衰减程度的上升而逐渐加强。

④与一些既有研究认为，商业模式创新不利于企业短期绩效表现不同，我们证实了商业模式创新显著提升了绩效衰减情境下中小制造企业变革后的短期绩效水平。原因是绩效衰减情境下中小制造企业的商业模式创新可能会优先侧重创造短期绩效，此外，我们对商业模式创新的测度重点在于变化强度，与既有研究侧重于新颖性强度的差异可能也造成了研究结论的不同。

（2）绩效衰减情境下中小制造企业的数字化转型。第 3 章基于 CPE-C-P 框架，具体研究了在面对绩效衰减和资源局限的双重约束下，中小制造企业高层管理者风险承担、数字化转型和企业绩效之间的关系。通过对 296 份长三角地区中小制造企业样本问卷调查数据的统计分析，得出了以下三点主要研究结论。

①绩效衰减显著促进了中小制造企业的数字化转型，高层管理者的风险承担在绩效衰减与中小制造企业数字化转型之间起部分中介作用。

与前景理论的逻辑推导一致，绩效衰减情境下中小制造企业高管出现了风险偏好反转效应，变得更愿意承担风险，进而更倾向于实施更具冒险性的数字化转型战略。风险承担在绩效衰减与中小制造企业数字化转型之间只起到中介作用，说明绩效衰减对企业数字化转型还存在其他影响路径有待探索。

②未吸收冗余资源显著促进了中小制造企业的数字化转型，并强化了绩效衰减对数字化转型的促进作用。这说明，面临绩效衰减的逆境时，未吸收冗余资源的稳定适应功能得到发挥，强化绩效衰减导致的风险偏好反转效应，进而增强绩效衰减对数字化转型的推动作用。而已吸收冗余则对中小制造企业数字化转型未发挥显著促进功效。

③数字化转型显著促进了绩效衰减情境下中小制造企业的短期财务绩效。说明即便是在绩效衰减情境下，数字化转型对中小制造企业的绩效提升效果也很显著，进一步验证了在数字经济蓬勃发展、制造产业日益数字化的大背景下，中小制造企业的数字化转型对提升企业绩效的重要性。

（3）绩效衰减情境下中小制造企业的绿色创新。第 4 章基于 CPE-C-P 框架，具体探讨考察了绩效落差、资源冗余、管理者环境关注等因素对中国中小制造企业绿色创新水平和前摄式绿色创新战略的影响规律，通过收集的 264 家长三角地区中小制造企业问卷调查数据分析，研究发现了以下四点结论。

①绩效衰减将阻碍中小制造企业绿色创新水平和前摄式绿色创新战略。随着绩效衰减程度的加深，中小制造企业绿色创新水平和绿色创新的积极主动性都将减弱，绩效衰减成为中小制造企业绿色转型的阻碍因素。与前两章研究结论不同，绩效衰减并未使得中小制造企业在绿色转型领域出现前景理论所预测的“风险偏好反转”。由此可见，“风险偏好反转”具有领域特异性，前景理论不能简单地适用于绿色转型等外部性较强的创新变革领域。

②未吸收冗余资源增强了中小制造企业绿色创新水平和前摄式绿色

创新战略，并缓和了绩效落差对中小制造企业绿色创新水平和前摄式绿色创新战略的阻碍作用。这说明，资源冗余对包括绿色创新在内的创新变革行为都起到了“软垫”的缓冲功能，未出现领域特异性。已吸收冗余资源有助于提高企业的绿色创新水平，但对提升企业前摄式绿色创新战略并无显著效果，进一步体现了不同性质的资源冗余在战略变革行为中的功能差异。

③管理者环境关注正向驱动了中小制造企业的绿色创新水平和前摄式绿色创新战略。即便是在绩效衰减情境下，中小制造企业管理者对环境的关注程度越高，企业就越有进行绿色创新的动力，其绿色创新水平和前摄式绿色创新战略活跃度越高。此外，未吸收冗余资源和管理者环境关注交互促进了中小制造企业绿色创新水平和前摄式绿色创新战略的提升。管理者环境关注程度越高的中小制造企业，越愿意将未吸收冗余资源投入绿色创新活动支持中。

④绿色创新水平和前摄式绿色创新战略都显著促进了中小制造企业的环境绩效，绿色创新水平对中小制造企业的短期财务绩效也有显著的促进作用。而前摄式绿色创新战略对中小制造企业的短期财务绩效的作用不显著，因为相对于反应式绿色创新战略，前摄式绿色创新战略着眼于长期环境管理问题，而对企业短期财务绩效未产生显著作用。

7.1.2 绩效衰减情境下中小制造企业战略变革过程维度的研究发现

（1）绩效衰减与中小制造企业变革策略选择。第 5 章在前几章研究的基础上，将绩效衰减细分为历史绩效落差、同行绩效落差两个不同性质的情境维度，并不再考察战略变革中单一的战略创新性要素，而是同时考察运营型变革策略与创业型变革策略，纳入了代表中小制造企业高层管理者认知的情境赋义和规则聚焦两个变量，构建了新的 CPE-C-P 整体分析框架，以更系统、客观地揭示绩效衰减情境下中小制造企业变革策略选择机制，通过服装行业的 244 家中小制造企业追踪问卷调查数据实证检验，主要得到以下四点结论。

①总体上，绩效衰减能促使中小制造企业采取运营型和创业型两种变革策略组合。在绩效衰减情境下，中小制造企业同时采取了保守和冒险两种行为策略组合，保守行为策略和冒险行为策略并非截然对立、只能选择其一。威胁僵化观的逻辑是成立的，前景理论和企业行为理论的逻辑也是成立的，并不能以威胁僵化观的逻辑去否定前景理论和企业行为理论的逻辑。

②不同性质的绩效落差有不同的功能作用，同行绩效落差促使中小制造企业采纳更活跃的创业型变革策略（此时前景理论的逻辑更适用），历史绩效落差促使中小制造企业采纳更活跃的运营型变革策略（此时威胁僵化观的逻辑更适用），高层管理者的情境赋义则在其中起到完全中介作用。

③资源冗余同时促进了中小制造企业对运营型变革策略和创业型变革策略的选择。企业拥有的资源越多，企业的行动选项越多，行动能力越强，也越容易采取多种行动策略的组合。而高层管理者的规则聚焦则对冗余资源的投向起到调节作用，在促进聚焦的认知规则下，高层管理者更倾向于将资源冗余投向创业型变革策略的实施。

④高层管理者的规则聚焦，调节了高层管理者对绩效衰减情境的赋义。在促进聚焦认知规则下，面对历史绩效落差、同行绩效落差，中小民营制造企业高层管理者倾向于过滤其中的威胁因素，而更加聚焦于其中的转机因素。在预防聚焦认知规则下，面对同行绩效落差，中小民营制造企业高层管理者倾向于强调其中的威胁因素。规则聚焦通过影响高管对绩效衰减的情境赋义，进而对中小制造企业变革策略产生影响。

（2）绩效衰减情境下中小制造企业战略变革的多重参照依赖效应。第 6 章在第 5 章研究的基础上，基于多重参照理论引入了多重参照依赖这一新概念，并对应地进一步将绩效衰减细分为目标绩效落差、历史绩效落差、同行绩效落差三个不同性质的情境维度，构建了绩效衰减下中小制造企业变革策略选择的过程机制模型，运用367份中小制造企业问卷调查数据分析结果，考察了绩效衰减和多重参照依赖对中小制造企业变革策略的影响，得出了以下三点主要结论。

①绩效衰减情境下中小制造企业战略决策者在进行变革策略选择时，主要基于目标参照（参照对比企业订立的战略规划与战略目标）、历史参照（参照对比企业以往的战略举措与战略结果）和同行参照（参照对比同行企业的战略行为与战略业绩）三维度决策参照系统，形成多重参照依赖。

②不同性质的绩效衰减对中小制造企业变革策略选择的影响功能也不同。与威胁僵化理论的预测一致，目标绩效落差、历史绩效落差和同行绩效落差三个维度的绩效衰减，均能强化企业的运营型变革策略；而目标绩效落差和同行绩效落差两个维度的绩效衰减能强化企业的创业型变革策略，与前景理论的预测相同。再次论证了威胁僵化理论和前景理论能同时成立，运营型变革策略和创业型变革策略可同生共存。

③多重参照依赖强化了绩效衰减对制造企业变革策略选择的影响效应。参照依赖性越强，对应的绩效衰减对制造企业选择的影响效应也越强。目标参照依赖同时强化了目标绩效落差对运营型变革策略和创业型变革策略的影响效应，而历史参照依赖强化了历史绩效落差对运营型变革策略的影响效应，同行参照依赖则强化了同行绩效落差对创业型变革策略的影响效应。由此验证了企业战略决策中多重参照依赖效应的存在。

（3）绩效衰减情境下中小制造企业战略变革多重参照依赖效应机制。第6章在验证了绩效衰减情境下中小制造企业变革策略选择的多重依赖效应基础上，引入了企业注意力基础观，以从理论上解释多重依赖效应的产生机制，基于相同的367份中小制造企业问卷调查数据分析结果，探索了高管注意力配置在多重依赖效应中的功能，得出了以下三点主要结论。

①绩效衰减和多重参照依赖对中小制造企业高层管理团队的注意力起到框定作用。目标绩效落差和同行绩效落差提高了高管团队对创新的

注意力配置，高管团队的目标参照依赖和同行参照依赖则进一步强化了上述框定效应；目标绩效落差、历史绩效落差、同行绩效落差增强了高管团队对企业内部的注意力配置，高管团队的目标参照依赖和历史参照依赖增强了上述框定效应；同行绩效落差则提升了高管团队对企业外部注意力的配置，高管团队的同行参照依赖放大了此种框定效应。

②企业高管团队注意力配置可以解释绩效衰减情境下多重参照依赖效应的产生机制。企业高管团队注意力配置在绩效衰减、多重参照依赖对中小制造企业变革策略选择的影响中起到中介作用，绩效衰减通过影响制造企业高管团队注意力的配置，进而影响了中小制造企业运营型变革策略和创业型变革策略选择。

③运营型变革策略和创业型变革策略是两种并不互斥、可共生共存的策略，都对企业变革后绩效有积极提升效果。创业型变革策略对变革后企业财务绩效和成长绩效都有显著的积极作用，运营型变革策略对变革后企业财务绩效也有显著的积极作用，但对成长绩效的作用则不显著。组合运用运营型变革策略和创业型变革策略，两者对战略变革后企业财务绩效和成长绩效都有显著的促进作用。

7.2　理论进展和理论贡献

7.2.1　扎根现实情境，整合绩效衰减企业战略变革的前因机制

绩效衰减企业战略变革是情境、资源和行动等多阶段的互动过程。在既有研究中：关于情境的研究多考察技术、行业和制度变迁等中观乃至宏观外在环境因素，基本未具体考察绩效衰减这一微观任务环境特征；关于资源的分析则未区分资源性质的差异，未能揭示不同性质资源在企业战略变革中的功能；关于战略变革的决策行动者——高层管理者的研

究则重点分析高管团队更替的影响，对高管团队认知因素的功能分析不足，偏离中国中小制造企业高管团队更替频度较低的现实情况。

而在中小制造企业战略变革实践中，普遍同时面临着绩效衰减、资源匮乏和认知约束三重困境。本书基于此现实情境，结合既有绩效衰减企业战略变革的影响因素研究不足，整合绩效衰减（情境因素）、高管团队认知（触发因素）和资源冗余类型（使能因素）三类不同关键影响因素，基于 ASD 组织变革和适应三阶段理论框架，构建了 CPE-C-P 权变过程模型，并通过一系列实证研究交叉验证了 CPE-C-P 权变过程模型对绩效衰减情境下中国中小制造企业战略变革前因机制的理论解释效度。研究表明，任何单一的情境决定论、认知决定论或者资源决定论都难以刻画绩效衰减情境下中小制造企业战略变革行为规律，CPE-C-P 权变过程模型较好地整合了各个前因机制的碎片化知识，加速推动形成绩效衰减情境下中小制造企业战略变革的形成机制理论，为发展中国制造企业转型升级理论积累研究基础。

7.2.2 追踪产业趋势，拓展绩效衰减企业战略变革的内容维度

对绩效衰减情境下企业战略变革的既有研究多囿于战略变革二分法，即注重考察绩效衰减情境下企业对运营型变革策略和创业型变革策略的选择倾向。尽管对该问题的分析对于人们理解企业行为规律具有重要的理论意义，但却从变革内容维度上限制了人们对绩效衰减情境下企业战略变革行为丰富性的理解。正如在本书第 1 章中所论述的，在新工业革命蓬勃发展的趋势下，绩效衰减情境下中小制造企业面临着互联网化、智能化和绿色化等多个战略变革方向。然而遗憾的是，既有文献并未就绩效衰减制造企业的互联网化、智能化和绿色化战略变革进行系统研究。

本书基于制造业互联网化、智能化和绿色化战略变革趋势，从变革内容维度上，横向拓展了绩效衰减企业战略变革行为研究。基于 CPE-C-P

理论模型，分别具体考察了商业模式创新、数字化转型和绿色创新三个战略变革内容领域中绩效衰减情境下中小制造企业战略变革行为的规律，揭示了绩效衰减、资源冗余和企业高层管理者的注意力配置特征对不同变革内容下战略变革行为的影响机制。发现了绩效衰减对外部性较强的绿色转型的负面效应等与既有理论预测相反的结论，从而大大丰富了人们对绩效衰减情境下企业战略变革行为规律的理解。通过追踪工业4.0下制造产业发展的新趋势，在增进本书研究的实践指导价值的同时，也保证了本书研究的时代新颖性和理论前瞻性。

7.2.3 重构理论模型，统合绩效衰减企业战略变革的冲突观点

基于前景理论和企业行为理论的研究发现，绩效衰减能促进企业创新行为，而基于威胁僵化观的研究却得出与之相反的结论。一直以来，如何从理论上解释上述悖论是战略变革研究领域的重要议题之一。本书则从多个角度试图统合上述两种看似相互矛盾的理论观点，探索揭示前景理论、企业行为理论与威胁僵化观存在各自的理论适用边界。

首先，本书试图从非线性影响的视角来统合上述悖论。研究发现，当绩效衰减程度低于某个临界点前，适用于企业行为理论和前景理论的解释；而当绩效衰减程度超出某个临界点之后，则可能会出现风险偏好反转，导致威胁僵化观的特殊现象，企业行为理论和前景理论的逻辑不再适用，从而初步融合了既有关于绩效反馈与企业创新行为之间关系的两种截然相反的观点。

其次，本书尝试从单一参照点拓展至多重参照点、多维度区分不同性质的绩效衰减情境的视角来统合上述悖论。研究发现，不同性质的绩效衰减情境对战略变革行为有不同的影响作用，在同行绩效落差和目标绩效落差的情境维度下，前景理论和企业行为理论的逻辑更适用；而在历史绩效落差情境维度下，威胁僵化观的逻辑更适用。

最后，本书还从重新对战略变革行为类型之间关系定位的视角来统合上述悖论。研究发现，在企业战略变革的复杂决策中，保守与冒险不可仅简单视作互斥的连续变量之两端。实际上，企业战略变革所采取的行动通常既有保守性的行为，也会包含冒险性的举措。企业可以并行不悖地交替运用或组合运用保守策略与冒险策略，由此验证了企业行为理论和前景理论的逻辑适合解释冒险性行为，而威胁僵化理论则更适合解释保守性行为。

总之，本书研究多视角融合，最终重新构建和验证了一个新的 CPE-C-P 理论模型，同时，解释了企业行为理论、前景理论和威胁僵化理论所描述的两种战略选择偏向效应，初步厘清了企业行为理论、前景理论和威胁僵化理论各自适用的理论边界，从而大大推动了战略变革决策理论的发展。

7.2.4 融合新旧构念，解释绩效衰减企业战略变革的内在机理

在统合企业行为理论、前景理论和威胁僵化理论基础上，本书还基于战略参照点等最新理论进展，首次提出多重参照依赖的构念，并结合企业注意力基础观，进一步深化探索了绩效衰减企业战略变革的内在机理。

首先，本书基于战略参照点理论和多重参照点理论，首次探索了企业多重参照依赖的结构，从实证层面验证了企业战略决策的目标参照、历史参照和同行参照三重战略决策参照系，并开发了相应的测量工具，为后续的企业战略变革决策实证研究提供了研究基础和测量工具。

其次，基于战略决策的多参照点视角，首次系统性地分析和验证了绩效衰减企业战略变革决策中的多重参照依赖效应，从而进一步构建了一个权变模型，从多重参照点的视角进一步整合和检验企业行为理论、前景理论与威胁僵化理论两类矛盾理论逻辑，并验证了创业型战略和运

营性战略的交互效应。

最后，在验证战略变革决策的多重参照点效应基础上，统合基于企业注意力基础观的理论思想，剖析了多重参照依赖对绩效衰减情境下中小制造企业变革策略选择作用的中介机制，打开了绩效衰减情境下中小制造企业变革策略选择多重参照依赖效应形成过程机制这一“黑箱”。

7.3　研究局限和未来展望

本书立足于现实问题，通过一系列实证研究检验了 CPE-C-P 理论模型，取得了一些理论进展，推动了企业战略变革理论的发展，也对管理实践具有一定的指导意义。但由于笔者研究能力和研究条件的限制，本书也存在若干不足，需要未来加以改进。

首先，实证研究方法的设计较为单一。本书在实证研究方面，局限于问卷调查方法，研究样本大多是通过方便取样的途径获得，而且集中分布在以浙江省为主的长三角地区，其结果是样本随机性不足，不一定能客观反映中国中小制造企业的普遍情况。此外，本书的战略变革本质上是随着时间而展开的纵向过程，采用纵向追踪调查的方法更为严谨，而限于研究条件不足，本书的实证研究实际采集的是回溯式横断面数据，存在数据不能反映真实情况的风险。未来应尽可能遵循随机取样原则，扩大样本地区来源等，以及综合运用纵向追踪问卷调查、案例研究、情景模拟实验和基于二手公开数据等多种方法交叉验证本书研究结论。

其次，研究变量测量可以进一步优化。由于本书研究的部分核心变量比较新颖，或者由笔者首次提出，在问卷数据收集时不得不运用自编量表测量，或者基于相关变量的测量量表改编。尽管这些量表在编制时遵循了严格、科学的编制程序，但依然可能存在测量准确性问题，有待未来在研究中进一步检验其测量的信度和效度。此外，本书研究变量涉及的是企业层面数据，而实际的主观问卷测量数据一般来源于个体，单个个体填写的数据存在失真的可能，而多个个体填写的数据在处理时应该将其聚合到组织层面，数据同源的问题也难以完全克服。未来可以通过提高问卷填写质量、发放多源成组问卷，对数据从个体聚合到组织层面，改进研究变量的测量。

最后，未来应从更多理论视角解释绩效衰减情境下企业战略变革机制。本书从 ASD 理论框架出发，聚焦于行为视角，研究了绩效衰减情境下企业战略变革的形成机制。但战略变革是一个高度复杂的过程，涉及的影响因素层面广、数量多。比如，企业社会网络、产业技术扩散、创业导向、高层管理者团队心智模型、政企关系模式、产业或区域经济政策等。因此，未来的研究可以选择社会网络理论、创新扩散理论、创业理论、高阶理论、制度理论、动态竞争理论等各种理论或视角作为切入点，进一步深化人们对绩效衰减情境下企业战略变革问题的认知。

参考文献

[1] 何贵兵，于永菊．决策过程中参照点效应研究述评［J］．心理科学进展，2006，14（3）：408－412.

[2] 吴建祖，赵迎．高层管理团队注意力对企业多元化战略选择的影响——基于我国上市公司的实证分析［J］．经济与管理研究，2012（9）：107－113.

[3] 吴建祖，毕玉胜．高管团队注意力配置与企业国际化战略选择——华为公司案例研究［J］．管理学报，2013，10（9）：1268－1274.

[4] 关健，韩佩佩．基于主要利益相关者关系质量与中小企业业绩转向的影响因素研究［J］．统计与决策，2011（13）：54－58.

[5] 冉敏，都兰军．衰退企业 CEO 变革的理论假说与实证检验［J］．管理学报，2009，6（2）：222－227.

[6] 冉敏．基于高管认知的衰退企业战略创新模型［J］．科技进步与对策，2009，26（19）：92－95.

[7] 王晓田，王鹏．决策的三参照点理论：从原理到应用［J］．心理科学进展，2013，21（8）：1－16.

[8] 李海军，徐富明，相鹏等．基于预期理论的参照依赖［J］．心理科学进展，2013，21（2）：317－319.

[9] 赵昌文，许召元．国际金融危机以来我国企业转型升级的调查研究［J］．管理世界，2013（4）：8－15.

[10] 吴家曦，李华燊．浙江省中小企业转型升级调查报告［J］．管

理世界，2009（8）：1－9.

［11］张文慧，张志学，刘雪峰．决策者的认知特征对决策过程及企业战略选择的影响［J］．心理学报，2005，37（3）：373－381.

［12］梅胜军，薛宪方，涂辉文．民营企业家创业危机感构思与测量研究［J］．人类工效学．2012，18（4）：52－56.

［13］梅胜军，薛宪方，奉小斌．创业警觉性对创业者危机感知的影响研究：信息搜索的作用角色［J］．人类工效学，2014，20（1）：31－35.

［14］［美］明茨伯格亨利，刘瑞红．战略历程：纵览战略管理学派［M］．北京：机械工业出版社，2001.

［15］罗珉，李亮宇．互联网时代的商业模式创新：价值创造视角［J］．中国工业经济，2015（1）：95－107.

［16］金玉然，戢守峰等．商业模式创新的研究热点及其演化可视化分析［J］．科研管理，2018，39（7）：50－58.

［17］罗兴武，刘洋等．中国转型经济情境下的商业模式创新：主题设计与量表开发［J］．外国经济与管理，2018，40（1）：33－49.

［18］吴晓波，赵子溢．商业模式创新的前因问题：研究综述与展望［J］．外国经济与管理，2017，39（1）：114－127.

［19］新华日报评论员：抓实体经济一定要抓好制造业-理论-人民网［EB/OL］．http://theory.people.com.cn/nl/2017/1217/c40531-29711653.html.

［20］胡保亮，赵田亚等．高管团队行为整合、跨界搜索与商业模式创新［J］．科研管理，2018，39（12）：37－44.

［21］江积海．国外商业模式创新中价值创造研究的文献述评及展望［J］．经济管理，2014，36（8）：187－199.

［22］梅胜军，王重鸣．组织危机评估的认知模型——基于浙江中小企业的实证研究［J］．第四届国际应急管理论坛暨中国（双法）应急管理专业委员会第五届年会，2011：488－491.

［23］郭海，沈睿．如何将创业机会转化为企业绩效——商业模式创

新的中介作用及市场环境的调节作用［J］. 经济理论与经济管理，2014（3）：70－83.

［24］ Arogyaswamy K.， Iii V. L. B. and Yasai-Ardekani M. Firm Turnarounds：an Integrative Two-Stage Model［J］. *Journal of Management Studies*，1995，32（4）：493－525.

［25］ Audia P. G.，Greve H. R. Less Likely to Fail：Low Performance，Firm Size，and Factory Expansion in the Ship Building Industry［J］. *Management Science*，2006，52（1）：83－94.

［26］ Boyne G.，Meier K. J. Environmental Change，Human Resources and Organizational Turnaround［J］. *Journal of Management Studies*，2009，46（5）：835－863.

［27］ Bruton G. D.，Ahlstrom D. and Wan J. Turnaround in East Asian Firms：Evidence From Ethnic Overseas Chinese Communities［J］. *Strategic Management Journal*，2003，24（6）：519－540.

［28］ Cater J.，Schwab A. Turnaround Strategies in Established Small Family Firms［J］. Family Business Review，2008，21（1）：31－50.

［29］ Fisher G.，Lee J. and Johns L. An Exploratory Study of Company Turnaround in Australia and Singapore Following the Asia Crisis［J］. *Asia Pacific Journal of Management*，2004，21（1）：149－170.

［30］ Francis J. D.，Desai A. B.. Situational and Organizational Determinants of Turnaround［J］. *Management Decision*，2005，43（9）：1203－1224.

［31］ Greve H. R. Performance，Aspirations，and Risky Organizational change［J］. *Administrative Science Quarterly*，1998，43（1）：58－86.

［32］ Jegers M. Prospect Theory and the risk-return relation：Some belgian evidence［J］. *Academy of Management Journal*，1991，34（1）：215－225.

［33］ Ketchen D. J.，Palmer T. B. Strategic Responses to Poor Organizational Performance：A Test of Competing Perspectives［J］. *Journal of Man-*

agement, 1999, 25 (5): 683 -706.

[34] Lehner J. M. Shifts of Reference Points for Framing of Strategic Decisions and Changing Risk-return Associations [J]. *Management Science*, 2000, 46 (1): 63 -76.

[35] Papadakis V. M., Barwise P. How much do CEOs and Top Managers Matter in Strategic Decision-making? [J]. *British Journal of Management*, 2002, 13 (1): 83 -95.

[36] Robbins D. K., Pearce J. A. Turnaround: Retrenchment and Recovery. *Strategic Management Journal*, 1992, 13 (4): 287 -309.

[37] Shimizu K. Prospect Theory, Behavioral Theory, and the Threat-rigidity Thesis: Combinative Effects on Organizational Decisions to Divest Formerly Acquired Units [J]. *Academy of Management Journal*, 2007, 50 (6): 1495 -1514.

[38] Staw B. M., Sandelands L. E. and Dutton J. E. Threat Rigidity Effects in Organizational Behavior: A Multilevel Analysis [J]. *Administrative science quarterly*, 1981, 26 (4): 501 -524.

[39] Tan H. H., See H. H. Strategic Reorientation and Responses to the Asian Financial Crisis: the Case of the Manufacturing Industry in Singapore [J]. *Asia Pacific Journal of Management*, 2004, 21 (1): 189 -211.

[40] Voss G. B., Sirdeshmukh D. and Voss Z. G.. The Effects of Slack Resources and Environmental Threat on Product Exploration and Exploitation [J]. *Academy of Management Journal*, 2008, 51 (1): 147 -164.

[41] Mone M. A., McKinley W. and Barker V. L.. Organizational Decline and Innovation: A Contingency Framework [J]. *Academy of Management Review*, 1998, 23 (1): 115 -132.

[42] McKinley W., Latham S. and Braun M. Organizational Decline and Innovation: Turnarounds and Downward Spirals [J]. *Academy of Management Review*, 2014, 39 (1): 88 -110.

[43] Schmitt A., Raisch S. Corporate Turnarounds: The Duality of Retrenchment and Recovery [J]. *Journal of Management Studies*, 2013, 50 (7): 1216 – 1244.

[44] Trahms C. A., Ndofor H. A. and Sirmon D. G. Organizational Decline and Turnaround A Review and Agenda for Future Research [J]. *Journal of Management*, 2013, 39 (5): 1277 – 1307.

[45] Ndofor H. A., Vanevenhoven J. and Barker V. L. Software Firm Turnarounds in the 1990s: An Analysis of Reversing Decline in a Growing, Dynamic Industry [J]. *Strategic Management Journal*, 2013, 34 (9): 1123 – 1133.

[46] Holmes R. M., Bromiley P. and Devers C. E. et al. Management Theory Applications of Prospect Theory: Accomplishments, Challenges, and Opportunities [J]. *Journal of Management*, 2011, 37 (4): 1069 – 1107.

[47] Bamberger P., Fiegenbaum A. The Role of Strategic Reference Points in Explaining the Nature and Consequences of Human Resource Strategy [J]. *Academy of Management Review*, 1996, 21 (4): 926 – 958.

[48] Fiegenbaum A., Hart S. and Schendel D. Strategic Reference Point Theory [J]. *Strategic Management Journal*, 1996, 17 (3): 219 – 235.

[49] Hammer M., Champy J. Reengineering the Corporation: A Manifesto for Business Revolution [J]. *Business Horizons*, 1993, 36 (5): 90 – 91.

[50] O'Reilly C. A., Tushman M. L. Organizational Ambidexterity: Past, Present, and Future [J]. *The Academy of Management Perspectives*, 2013, 27 (4): 324 – 338.

[51] Ocasio W., Joseph J. An Attention-based Theory of Strategy Formulation: Linking Micro-and macroperspectives in Strategy Processes [J]. *Advances in Strategic Management*, 2005, 22: 39 – 61.

[52] Ocasio W. Towards an Attention-based View of the Firm [J]. *Strategic management journal*, 1997, 18 (S1): 187 – 206.

[53] Cho T. S., Hambrick D. C. Attention as the Mediator Between Top

Management Team Characteristics and Strategic Change: The Case of Airline Deregulation [J]. *Organization Science*, 2006, 17 (4): 453 -469.

[54] Nadkarni S., Barr P. S. Environmental Context, Managerial Cognition, and Strategic Action: An Integrated View [J]. *Strategic Management Journal*, 2008, 29 (13): 1395 -1427.

[55] Amit R., Zott C. Creating Value Through Business Model Innovation [J]. *MIT Sloan Management Review*, 2012, 53 (3): 41.

[56] Sosna M., Trevinyo-Rodríguez R. N. and Velamuri S. R. Business model innovation through trial-and-error learning: The Naturhouse case [J]. Long range planning, 2010, 43 (2 -3): 383 -407.

[57] Chesbrough H. Rosenbloom R. S. The Role of the Business Model in Capturing Value from Innovation: Evidence from Xerox Corporation's Technology Spin-off Companies [J]. *Industrial and Corporate Change*, 2002, 11 (3): 529 -555.

[58] Cheng J. L. C., Kesner I. F. Organizational Slack and Response to Environmental Shifts: the Impact of Resource Allocation Patterns [J]. *Journal of Management*, 1997, 23 (1): 1 -18.

[59] Cyert R. M., March J. G. A Behavioral Theory of the Firm [M]. Wiley-Blackwell, 1992.

[60] Elbanna S. Strategic Decision-making: Process Perspectives [J]. *International Journal of Management Reviews*, 2006, 8 (1): 1 -20.

[61] Hambrick D. C., Mason P. A. Upper Echelons: The Organization as a Reflection of Its Top Managers [J]. *Academy of management review*, 1984, 9 (2): 193 -206.

[62] Ireland D. R., Webb J. W. Strategic Entrepreneurship: Creating Competitive Advantage Through Streams of Innovation [J]. *Business Horizons*, 2007, 50 (1): 49 -59.

[63] Ketchen D. J., Palmer T. B. Strategic Responses to Poor Organiza-

tional Performance: A Test of Competing Perspectives [J]. *Journal of Management*, 1999, 25 (5): 683 -706.

[64] Ketchen D. J., Ireland R. D. and Snow C. C. Strategic Entrepreneurship, Collaborative Innovation, and Wealth Creation [J]. *Strategic Entrepreneurship Journal*, 2007, 1 (3 -4): 371 -385.

[65] Kraatz M. S., Zajac E. J. How Organizational Resources Affect Strategic Change and Performance in Turbulent Environments: Theory and Evidence [J]. *Organization Science*, 2001, 12 (5): 632 -657.

[66] Kuratko D. F., Audretsch D. B. Strategic Entrepreneurship: Exploring Different Perspectives of an Emerging Concept [J]. *Entrepreneurship Theory and Practice*, 2009, 33 (1): 1 -17.

[67] Marino L. D., Lohrke F. T. and Hill J. S. et al.. Environmental Shocks and SME Alliance Formation Intentions in an Emerging Economy: Evidence from the Asian Financial Crisis in Indonesia [J]. *Entrepreneurship Theory and Practice*, 2008, 32 (1): 157 -183.

[68] Nohria N., Gulati R. Is Slack Good or Bad for Innovation? [J]. *Academy of Management Journal*, 1996, 39 (5): 1245 -1264.

[69] Papadakis V. M., Barwise P. How Much do CEOs and Top Managers Matter in Strategic Decision-making? [J]. *British Journal of Management*, 2002, 13 (1): 83 -95.

[70] Park S. H., Chen R. and Gallagher S. Firm Resources as Moderators of the Relationship Between Market Growth and Strategic Alliances in Semiconductor Start-ups [J]. *Academy of Management Journal*, 2002, 45 (3): 527 -545.

[71] Voss G. B., Sirdeshmukh D. and Voss Z. G. The Effects of Slack Resources and Environmental Threat on Product Exploration and Exploitation [J]. *Academy of Management Journal*, 2008, 51 (1): 147 -164.

[72] Yan H. D., Hu M. C. Strategic Entrepreneurship and the Growth of

the Firm: the Case of Taiwan's Bicycle Industry [J]. *Global Business and Economics Review*, 2008, 10 (1): 11 -34.

[73] Massa L., Tucci C. L. Business Model Innovation [J]. *The Oxford Handbook of Innovation Management*, Oxford University Press, Oxford, 2013: 420 -441.

[74] Chesbrough H. Business Model Innovation: Opportunities and Barriers [J]. *Long Range Planning*, 2010, 43 (2 -3): 354 -363.

[75] Spieth P., Schneckenberg D. and Ricart J E. Business Model Innovation-state of the Art and Future Challenges for the Field [J]. *R&d Management*, 2014, 44 (3): 237 -247.

[76] Zott C., Amit R. and Massa L. The Business Model: Recent Developments and Future Research [J]. *Journal of management*, 2011, 37 (4): 1019 -1042.

[77] Chesbrough H., R. S. Rosenbloom. The Role of the Business Model in Capturing Value from Innovation: Evidence from Xerox Corporation's Technology Spin-off Companies [J]. *Industrial and corporate change*, 2002, 11 (3): 529 -555.

[78] Hargadon A. B., Y. Douglas. When Innovations Meet Institutions: Edison and the Design of the Electric Light [J]. *Administrative science quarterly*, 2001, 46 (3): 476 -501.

[79] Wirtz B. W., A. Pistoia et al. Business Models: Origin, Development and Future Research Perspectives [J]. *Long range planning*, 2016, 49 (1): 36 -54.

[80] Liao S., Z. Liu et al. Direct and Configurational Paths of Open Innovation and Organisational Agility to Business Model Innovation in SMEs [J]. *Technology Analysis & Strategic Management*, 2019, 31 (10): 1213 -1228.

[81] Arend R. J. The Business Model: Present and Future—Beyond a Skeumorph [J]. *Strategic Organization*, 2013, 11 (4): 390 -402.

[82] Schendel D., G. R. Patton et al. Corporate Turnaround Strategies: A Study of Profit Decline and Recovery [J]. *Journal of general management*, 1976, 3 (3): 3-11.

[83] Madsen P. M., V. Desai. Failing to Learn? The Effects of Failure and Success on Organizational Learning in the Global Orbital Launch Vehicle Industry [J]. *Academy of management journal*, 2010, 53 (3): 451-476.

[84] Mone M. A., W. McKinley et al. Organizational Decline and Innovation: A Contingency Framework [J]. *Academy of management review*, 1998, 23 (1): 115-132.

[85] McKinley W., S. Latham et al. Organizational Decline and Innovation: Turnarounds and Downward Spirals [J]. *Academy of management review*, 2014, 39 (1): 88-110.

[86] Zott C., R. Amit. Business Model Innovation: Creating Value In Times Of Change [J]. *Universia Business Review*, 2009, (23): 108-121.

[87] Mitchell D., C. Coles. The Ultimate Competitive Advantage of Continuing Business Model Innovation [J]. *Journal of Business Strategy*, 2003, 24 (5): 15-21.

[88] Mitchell D. W., C. Bruckner Coles. Establishing a Continuing Business Model Innovation Process [J]. *Journal of Business Strategy*, 2004, 25 (3): 39-49.

[89] Demil B., X. Lecocq et al. Introduction to the SEJ Special Issue on Business Models: Business Models Within the Domain of Strategic Entrepreneurship [J]. *Strategic Entrepreneurship Journal*, 2015, 9 (1SI): 1-11.

[90] Zott C., R. Amit. Business Model Design and the Performance of Entrepreneurial Firms [J]. *Organization Science*, 2007, 18 (2): 181-199.

[91] McGrath R. G. Business Models: A Discovery Driven Approach [J]. *Long Range Planning*, 2010, 43 (2-3): 247-261.

[92] Frank A. G., G. H. S. Mendes et al. Servitization and Industry 4.0

Convergence in the Digital Transformation of Product firms: A Business Model Innovation Perspective [J]. *Technological Forecasting and Social Change*, 2019, (141): 341 - 351.

[93] Pieroni M. P. P., T. C. McAloone et al. Business Model Innovation for Circular Economy and Sustainability: A Review of Approaches [J]. *Journal of Cleaner Production*, 2019, 215: 198 - 216.

[94] Martins L. L., V. P. Rindova et al. Unlocking the Hidden Value of Concepts: a Cognitive Approach to Business Model Innovation [J]. *Strategic Entrepreneurship Journal*, 2015, 9 (1): 99 - 117.

[95] Venkatraaman N., Henderson J. C. Four vectors of business model innovation: Value capture in a network era [M]//From strategy to execution. Springer, Berlin, Heidelberg, 2008: 259 - 280.

[96] Baden-Fuller C., S. Haefliger. Business Models and Technological Innovation [J]. *Long range planning*, 2013, 46 (6): 419 - 426.

[97] Schneider S. How to Approach Business Model Innovation: the Role of Opportunities in Times of (no) Exogenous Change [J]. *R&D Management*, 2019, 49 (4): 399 - 420.

[98] Liao S., Z. Liu et al. Investigate the Role of Distributed Leadership and Strategic Flexibility in Fostering Business Model Innovation [J]. *Chinese Management Studies*, 2019, 13 (1): 93 - 112.

[99] Chesbrough H. Business Model Innovation: Opportunities and Barriers [J]. *Long Range Planning*, 2010, 43 (2 - 3): 354 - 363.

[100] Snihur Y., J. Wiklund. Searching for Innovation: Product, Process, and Business Model Innovations and Search Behavior in Established Firms [J]. *Long Range Planning*, 2019, 52 (3): 305 - 325.

[101] Khan S. Z., Q. Yang et al. Impact of Intellectual Capital Management on Sustainable Competitive Advantage via Business Model Innovation [A]. New York: 2019: 212 - 216.

[102] Pang C., Q. Wang et al. Integrative Capability, Business Model Innovation and Performance [J]. *European Journal of Innovation Management*, 2019, 22 (3): 541 -561.

[103] Kiani M. N., M. Ahmad et al. Service Innovation Capabilities as the Precursor to Business Model Innovation: A Conditional Process Analysis [J]. *Asian Journal of Technology Innovation*, 2019, 27 (2): 194 -213.

[104] Nunes M. P., A. P. Russo. Analysis of Business Models Innovation-A Multiple Case Study [J]. *Innovation & Management Review*, 2019, 16 (1): 17 -35.

[105] Tian Q., S. Zhang et al. Exploring the Factors Influencing Business Model Innovation Using Grounded Theory: The Case of a Chinese High-End Equipment Manufacturer [J]. *Sustainability*, 2019, 11 (5): 1455.

[106] Doz Y. L., M. Kosonen. Embedding Strategic Agility: A Leadership Agenda for Accelerating Business Model Renewal [J]. *Long Range Planning*, 2010, 43 (2 -3): 370 -382.

[107] Augier M., D. J. Teece. Dynamic Capabilities and the Role of Managers in Business Strategy and Economic Performance [J]. *Organization Science*, 2009, 20 (2): 410 -421.

[108] Teece D. J. Business Models, Business Strategy and Innovation [J]. *Long range planning*, 2010, 43 (2 -3): 172 -194.

[109] Bohnsack R., J. Pinkse et al. Business Models for Sustainable Technologies: Exploring Business Model Evolution in the Case of Electric Vehicles [J]. *Research Policy*, 2014, 43 (2): 284 -300.

[110] Gerasymenko V., D. De Clercq et al. Changing the Business Model: Effects of Venture Capital Firms and Outside CEOs on Portfolio Company Performance [J]. *Strategic Entrepreneurship Journal*, 2015, 9 (1): 79 -98.

[111] Sosna M., R. N. Trevinyo-Rodríguez et al. Business Model Innovation Through Trial-and-error Learning: The Naturhouse Case [J]. *Long range*

planning, 2010, 43 (2 -3): 383 -407.

[112] Arend R. J. The Business Model: Present and Future—Beyond a Skeumorph [J]. *Strategic Organization*, 2013, 11 (4): 390 -402.

[113] Weick K. E. Perspective Construction in Organizational Behavior [J]. *Annual Review of Organizational Psychology and Organizational Behavior*, 2017 (4): 1 -17.

[114] Cyert R. M., J. G. March. A Behavioral Theory of the Firm [J]. *Englewood Cliffs*, N. J., 1963, 2 (4): 169 -187.

[115] Baum J. A., K. B. Dahlin. Aspiration Performance and Railroads' Patterns of Learning from Train Wrecks and Crashes [J]. *Organization Science*, 2007, 18 (3): 368 -385.

[116] Mazzelli A., R. S. Nason et al. Causality Rules: Performance Feedback on Hierarchically Related Goals and Capital Investment Variability [J]. *Journal of Management Studies*, 2019.

[117] Gupta A. K., K. G. Smith et al. The Interplay Between Exploration and Exploitation [J]. *Academy of management journal*, 2006, 49 (4): 693 - 706.

[118] Chattopadhyay P., W. H. Glick et al. Organizational Actions in Response to Threats and Opportunities [J]. *Academy of Management Journal*, 2001, 44 (5): 937 -955.

[119] Kahneman D., A. Tversky. On the Interpretation of Intuitive Probability: A Reply to Jonathan Cohen [J]. *Cognition*, 1979, 7 (4): 409 -411.

[120] Shimizu K., M. A. Hitt. What Constrains or Facilitates Divestitures of Formerly Acquired Firms? The Effects of Organizational Inertia [J]. *Journal of Management*, 2005, 31 (1): 50 -72.

[121] Shimizu K. Prospect Theory, Behavioral Theory, and the Threat-rigidity Thesis: Combinative Effects on Organizational Decisions to Divest Formerly Acquired Units [J]. *Academy of Management Journal*, 2007, 50

(6): 1495 – 1514.

[122] Sitkin S. B., A. L. Pablo. Reconceptualizing the Determinants of Risk Behavior [J]. *Academy of Management Review*, 1992, 17 (1): 9 – 38.

[123] Barker III V. L., P. W. Patterson Jr. Top Management Team Tenure and Top Manager Causal Attributions at Declining Firms Attempting Turnarounds [J]. *Group & Organization Management*, 1996, 21 (3): 304 – 336.

[124] Ocasio W. Towards an Attention-based View of the Firm [J]. *Strategic Management Journal*, 1997, 18 (S1): 187 – 206.

[125] Levy O. The Influence of Top Management Team Attention Patterns on Global Strategic Posture of Firms [J]. *Journal of Organizational Behavior*: The International Journal of Industrial, Occupational and Organizational Psychology and Behavior, 2005, 26 (7): 797 – 819.

[126] Cho T. S., D. C. Hambrick. Attention as the Mediator Between Top Management Team Characteristics and Strategic Change: The Case of Airline Deregulation [J]. *Organization Science*, 2006, 17 (4): 453 – 469.

[127] Ocasio W., J. Joseph. An Attention-based Theory of Strategy Formulation: Linking Micro-and Macroperspectives in Strategy Processes [A]. 2005: 39 – 61.

[128] Bouquet C., J. Birkinshaw. Weight Versus Voice: How Foreign Subsidiaries Gain Attention from Corporate Headquarters [J]. *Academy of Management journal*, 2008, 51 (3): 577 – 601.

[129] Monteiro L. F. Selective Attention and the Initiation of the Global Knowledge-sourcing Process in Multinational Corporations [J]. *Journal of International Business Studies*, 2015, 46 (5): 505 – 527.

[130] Ren C. R., C. Guo. Middle Managers' Strategic role in the Corporate Entrepreneurial Process: Attention-based Effects [J]. *Journal of Management*, 2011, 37 (6): 1586 – 1610.

[131] Covin J. G., D. P. Slevin. Strategic Management of Small Firms in

Hostile and Benign Environments [J]. *Strategic Management Journal*, 1989, 10 (1): 75 –87.

[132] Venkatraman N. Strategic Orientation of Business Enterprises: The Construct, Dimensionality, and Measurement [J]. *Management science*, 1989, 35 (8): 942 –962.

[133] Hamel G., C. K. Prahalad. Competing for the Future [J]. *Harvard Business Review*, 1994, 72 (4): 122 –128.

[134] Slawinski N., P. Bansal. Short on Time: Intertemporal Tensions in Business Sustainability [J]. *Organization Science*, 2015, 26 (2): 531 –549.

[135] Vuori T. O., Q. N. Huy. Distributed Attention and Shared Emotions in the Innovation Process: How Nokia Lost the Smartphone Battle [J]. *Administrative Science Quarterly*, 2016, 61 (1): 9 –51.

[136] Souder D., J. M. Shaver. Constraints and Incentives for Making Long Horizon Corporate Investments [J]. *Strategic Management Journal*, 2010, 31 (12): 1316 –1336.

[137] Boyne G. A., K. J. Meier. Environmental Change, Human Resources and Organizational Turnaround [J]. *Journal of Management Studies*, 2009, 46 (5): 835 –863.

[138] Nohria N., R. Gulati. Is Slack Good or Bad for Innovation? [J]. *Academy of Management Journal*, 1996, 39 (5): 1245 –1264.

[139] Marlin D., S. W. Geiger. A Reexamination of the Organizational Slack and Innovation Relationship [J]. *Journal of Business Research*, 2015, 68 (12): 2683 –2690.

[140] Kraatz M. S., E. J. Zajac. How Organizational Resources Affect Strategic Change and Performance in Turbulent Environments: Theory and Evidence [J]. *Organization Science*, 2001, 12 (5): 632 –657.

[141] O'Brien J. P. The Capital Structure Implications of Pursuing a Strategy of Innovation [J]. *Strategic Management Journal*, 2003, 24 (5): 415 –431.

[142] Staw B. M., L. E. Sandelands et al.. Threat Rigidity Effects in Organizational Behavior: A Multilevel Analysis [J]. *Administrative Science Quarterly*, 1981: 501 – 524.

[143] Audia P. G., H. R. Greve. Less Likely to Fail: Low Performance, Firm Size, and Factory Expansion in the Shipbuilding Industry [J]. *Management Science*, 2006, 52 (1): 83 – 94.

[144] Zott C., R. Amit. The Fit between Product Market Strategy and Business Model: Implications for Firm Performance [J]. *Strategic Management Journal*, 2008, 29 (1): 1 – 26.

[145] Shafer S. M., H. J. Smith et al. The Power of Business Models [J]. *Business Horizons*, 2005, 48 (3): 199 – 207.

[146] Chen C. Technology Commercialization, Incubator and Venture Capital, and New Venture Performance [J]. *Journal of Business Research*, 2009, 62 (1): 93 – 103.

[147] Tan J., M. W. Peng. Organizational Slack and Firm Performance During Economic Transitions: Two Studies from an Emerging Economy [J]. *Strategic Management Journal*, 2003, 24 (13): 1249 – 1263.

[148] Wang T., P. Bansal. Social Responsibility in New Ventures: Profiting from a Long-term Orientation [J]. *Strategic Management Journal*, 2012, 33 (10): 1135 – 1153.

[149] Flammer C., P. Bansal. Does a Long-term Orientation Create Value? Evidence from a Regression Discontinuity [J]. *Strategic Management Journal*, 2017, 38 (9): 1827 – 1847.